AMOR

Coleção Filosofia Frente & Verso
Projeto e coordenação:
Alexandre de Oliveira Torres Carrasco

Títulos publicados:
AMOR, por José Luiz Furtado / DEUS, por Juvenal Savian Filho /
MORTE, por José de Anchieta Corrêa

José Luiz Furtado

AMOR

EDITORA GLOBO

Copyright © 2008 by José Luiz Furtado

Todos os direitos reservados. Nenhuma parte desta edição pode ser utilizada ou reproduzida – em qualquer meio ou forma, seja mecânico ou eletrônico, fotocópia, gravação etc. – nem apropriada ou estocada em sistema de bancos de dados, sem a expressa autorização da editora.

Preparação: Beatriz de Freitas Moreira
Revisão: Valquíria Della Pozza e Rinaldo Milesi
Capa: Andrea Vilela de Almeida
Imagem de capa: James Worrell / Photonica / Wideimages

1ª edição, 2008

Dados Internacionais de Catalogação na Publicação (CIP)
(Câmara Brasileira do Livro, SP, Brasil)

Furtado, José Luiz.
    Amor / José Luiz Furtado . – São Paulo : Globo, 2008. – (Filosofia frente & verso / coordenador Alexandre de Oliveira Torres Carrasco)

Bibliografia
ISBN 978-85-250-4473-X

    1. Amor 2. Filosofia I. Carrasco, Alexandre de Oliveira Torres. II. Título. III. Série.

08-01364   CDD-128.46

Índice para catálogo sistemático:
1. Amor : Filosofia   128.46

Direitos de edição em língua portuguesa
adquiridos por Editora Globo S. A.
Av. Jaguaré, 1485 – 05346-902 – São Paulo, SP
www.globolivros.com.br

Sumário

1. Falando de amor *11*
2. Fogo que arde sem se ver *15*
3. Amor e dor *23*
4. Nasci pra você: o caráter singular do amado e da escolha amorosa *39*
5. Até que a morte os separe: o amor-instituição *53*
6. Felizes para sempre: o mito do amor-paixão *59*
7. O amor feliz não tem história *69*
8. Um banquete *83*
9. O mistério do amor *91*
   Conclusão *109*
   Ensaiando leituras *115*
   Bibliografia *131*

*Para Thereza, minha mãe:
primeiras lições de amor*

Somente através do amor cremos na imortalidade. Só podemos descobrir isso ao lado de uma pessoa que nos ama, da mesma forma que a amamos. Só se pode chegar ao céu a dois.
DREWERMANN

Eu tenho amado tanto! E não conheço o amor.
OLAVO BILAC

O pior amor do mundo ainda é melhor do que o mundo.
MARCELO DOLABELA

O amor é uma flor roxa que nasce no coração do trouxa.
DITO POPULAR

1

FALANDO DE AMOR

Vale a pena amar? Os ideais do amor romântico são ou não ilusões? Nossas paixões devem ser comedidas ou devemos entregar-nos a elas sem reservas? Se começarmos por julgar as diversas mitologias que cercam o amor (de eternidade, de fusão com o outro, de destinação comum), tentando responder à essas questões, não chegaremos a nenhum lugar diferente de um lugar-comum. Há razões bem disseminadas e conhecidas para dizer que vale e, ao mesmo tempo, não vale a pena amar; que às vezes a ilusão do amor é melhor do que o verdadeiro, que devemos "cair de sola na paixão" e que isso, ao contrário, pode ser muito perigoso (exemplos não faltam).

Por isso no discurso amoroso prevalece o lugar-comum, por excelência. Cada amante imagina viver a mais singular das paixões, a mais inigualável. Nenhum livro poderia lhe ensinar o que ele sente e, paradoxalmente, é como se todos os livros, todos os poemas e canções de amor falassem dele e do seu amor. Desse ponto de vista, a arrogância da filosofia consistiria em pretender transfigurar em conceitos, e freqüentemente traduzir em linguagem obscura, um saber sobre a vida que todo mundo admite possuir o suficiente, por experiência própria. Afinal, diz o poeta, "amar se aprende amando". O filósofo seria, assim, mais um especialista a se intrometer na vida cotidiana, forçando a pensar naquilo que ninguém quer pensar (na morte, na justiça, na felicidade, no sentido da vida) e de um modo (rigoroso, sério, radical) que ninguém quer levar a cabo. O amor não foge a esta regra. Todo mundo quer amar, pouca gente deseja refletir sobre o amor, principalmente filosofando sobre ele. Mas a filosofia não existe senão como reflexão exterior a si própria. Só se pode fazer filosofia — pelo menos boa e frutífera — pensando o que não é filosofia, isto é, o que não é história da própria filosofia ou teoria filosófica. O confronto então, com o leitor não especialista, não é apenas deliberativo, é inevitável.

Na verdade não pretendemos, com este livro, tornar ninguém mais ou menos capaz de amar. Não acrescentaremos nada ao que qualquer um pode saber, perfeitamente, através do seu coração de amante. Uma coisa, no entanto, é amar, agir moralmente, dizer a verdade. Outra, saber o que torna possível, e mesmo necessário, o amor, os princípios das ações morais e a essência da verdade. O homem primeiro vive suas normas tradicionais, seus sentimentos, habita a própria verdade e o mundo antes de conceituar, teorizar e, enfim, sobre o que ele próprio é e o que deve ser. "O mundo", dizia o filósofo, "é mais velho do que todo pensamento." Mas, se o homem e o mundo nascem juntos, se não há mundo sem o homem, e vice-versa, então o próprio homem é mais velho do que sua reflexão e seu pensamento. *O amor é, neste sentido, mais antigo que a sabedoria da razão que sobre ele se debruça como tema de conhecimento.* Mesmo porque ele próprio é sabedoria, sabedoria do coração, que não espera os sábios da razão terminarem sua tarefa para exercer-se, em toda a plenitude de que é capaz.

Propomos então refletir sobre o amor sem paralisar o coração, pensar e conceituar sem inibir a ação, analisar sem dissecar o mistério, ver sem antes julgar. Eis nossas tarefas. Porque, como a morte, o amor está acima dos juízos morais. A morte é boa ou ruim? A morte é, e será, independentemente do que quer que os homens façam. Assim também ocorre com nosso tema. O amor é, e será, de qualquer modo. Sem ele a humanidade não seria mais humana. É um fato inelutável que em algum lugar, a qualquer momento, dois corações arderão na presença um do outro, sonhando em interligar seus corpos e suas vidas em um destino comum.

Nós nos serviremos de várias disciplinas em nosso passeio pelos caminhos de Eros. História, psicanálise, filosofia, sociologia, antropologia e literatura aqui serão chamadas em auxílio. Não por razões de erudição ou mesmo necessidade de praticar a interdisciplinaridade, e sim porque o amor permeia todas as dimensões do ser humano e o achamos em toda parte, acessível a diversos pontos de vista. No entanto há um privilégio da literatura sobre o amor, porque ela faz parte da sua própria experiência. La Rochefoucauld, escritor francês do século XVII, dizia que não amaríamos se nunca tivéssemos ouvido falar de amor e, sem dúvida, pensava mais na literatura do que no discurso comum, ou na filosofia em que, aliás, é um dos temas mais ausentes, ou mais brevemente tratados.

2

FOGO QUE ARDE SEM SE VER

Se indagarmos qualquer pessoa desavisada sobre o que é o amor, não há muita dúvida de que a resposta seria algo parecido com "a melhor coisa da vida". No entanto, as maiores tragédias que podem ocorrer a um homem estão ligadas ao amor. Morremos e matamos por amor, e sua perda, por proibição ou incapacidade, está associada às maiores dores e frustrações. O amor nos fragiliza como uma doença grave, a paixão compromete toda a vida, faz-nos cometer loucuras agindo cegamente, como o mais frio dos assassinos ou a mais ingênua criança. Acarreta a dilapidação de riquezas e o abandono de honrarias sociais ("por você largo tudo") ou nos faz aceitar, conformados, uma vida materialmente humilde ("uma casinha qualquer/ um colo de serra/ uma companheira/ e céu e o mar"). Pai das maiores alegrias, o amor é a parturiente das mais profundas dores. O amor, afinal, não compõe com a dor a mais desgastada e, portanto, mais sábia de todas as rimas poéticas?

Por outro lado, não é consenso atribuir ao amor, pelo menos à paixão, um sentido absoluto. Ele é admirado por sua força invasiva, pela virulência da sua capacidade de mudar totalmente a vida do apaixonado, de lhe emprestar um sentido, ou um novo sentido. Mas, ao mesmo tempo, pode parecer perda de tempo, patetice ou pura irresponsabilidade juvenil, pelos que o vêm de fora ou mesmo pelo próprio sujeito apaixonado, no auge da sua decepção, quando o amor fracassou. A perda da razão, a exaltação visionária do objeto amado, a intensificação de todos os sentimentos, tudo o que para o apaixonado é alegria, para um observador externo pode parecer simplesmente loucura momentânea, atitude sem fundamento. Mesmo um dos preceitos éticos mais fundamentais da nossa civilização — "amar o próximo como a ti mesmo" — é também o mais contrário aos princípios da racionalidade liberal e comercial dominante, que apregoa a realização dos interesses individuais como busca da felicidade privada, fazendo do outro ou, mais exatamente, da sua liberdade um limite à minha. Como amar o próximo se ele é meu concorrente? Como amar e comerciar ao mesmo tempo? Como veremos o amor freqüentemente é considerado antagonista do espírito comercial, por deixar os indivíduos indiferentes, no limite, ao mundo.

Quando se trata do amor, encontramos por todos os lados contradição, ambigüidades, confusões, anomias, o sentimento do trágico; o maior de todos os prazeres que é dado ao homem viver, a mais profunda das dores e perdas que ele pode sofrer. Essas características ambivalentes apresentam-se também em relação à excepcionalidade do ser amado. Este aparece como uma exceção ao restante de toda a humanidade sem rosto, que respeito por obrigação moral ou legal (todos aqueles cuja falta não me faz nenhuma falta). Ao contrário, eu e a minha amada estamos unidos pelo amor de modo a formarmos um par, sem nenhuma obrigação externa. Nesse par o outro amado é ainda um outro, mas menos outro do que o restante da humanidade. Não estou mais só em oposição à multidão dos outros eus. Somos eu e ela(e). Assim, a proximidade do outro trazida pelo amor é ímpar e advém de três fatos. O outro é exclusivo, é uma alteridade feita sob medida ("só posso amar você", "fomos feitos um para o outro", "só tinha que ser com você"); uma espécie de fatalidade ou destino, quer seja ou não da vontade dos deuses, conduziu-nos um ao outro ("nosso amor estava escrito nas estrelas"), e, finalmente, o amado apresenta-se de tal forma transfigurado ao olhar do seu amante que é sempre belo ("quem ama o feio bonito lhe parece"), não importando mais a opinião, mesmo contrária, do restante da humanidade.

É impressionante que todas essas características do objeto da eleição amorosa apaixonada, e que definem o nosso modo de amar hoje, já estavam presentes na mitologia mais antiga e foram objeto de discussão no esplêndido texto de Platão intitulado *O banquete*, primeiro texto filosófico sobre o amor-paixão entre os homens em geral. Reencontraremos lá a mitologia da "cara-metade", da eleição exclusiva, do desejo de eternidade, da nostalgia de recompor uma perdida totalidade, e da espiritualidade do desejo que se desmembra da atividade sexual somente procriativa e a ultrapassa. Do desejo que se projeta rumo à busca de eternidade, de imortalidade, no Bem e na Beleza.

Ora, quando se trata de analisar este fenômeno surpreendente que é o amor, nós o encontramos primeiramente associado ao sexo, isto é, à *função biológica* da reprodução da espécie humana. Deste ponto de vista, tudo o que dissemos acima parece imediatamente incompreensível. De fato, se o amor é atração sexual necessária para que dois seres pratiquem o coito, produzindo a fecundação, qual o sentido da paixão, da busca muitas vezes desesperada da fusão dos corações, da poesia e da literatura, da música, da escultura e da pintura que celebram o amor em toda parte do mundo; qual o sentido da mitologia, dos sonhos nostálgicos de retornar a um estado originário de fusão, de recompor com o outro, nos seus braços, uma unidade perdida da qual os dois seriam partes um dia separadas?

O filósofo alemão Schopenhauer afirmava ser o amor uma espécie de astúcia da natureza no sentido do processo natural de seleção dos membros mais aptos da espécie humana. Assim, o privilégio concedido à beleza da amada, por exemplo, na escolha amorosa, seria apenas uma expressão da vontade da natureza de gerar criaturas cada vez mais perfeitas. Toda a fatalidade, exclusividade e beleza que cercam e determinam a escolha amorosa nada mais seria do que um ardil, uma forma da força impulsionadora do instinto natural se disfarçar.

Mas Freud, o pai da psicanálise, nos mostrou que o amor e o desejo sexual não só não vêm de nenhum instinto natural como, ainda, se existe um, o contrariam. Conforme a psicanálise, a nossa sexualidade não deriva imediatamente do tipo de órgão genital que possuímos, ou dos hormônios gerados pelo nosso organismo. Só nos tornamos capazes de exercer a sexualidade genitalizada, característica da vida adulta, através de todo um processo repressivo exercido sobre a libido ainda selvagem da criança que um dia fomos, definida por Freud como "perverso polimorfo". Com isso Freud quer dizer que a criança goza, primeiramente, com todo o seu corpo, com todos os seus buracos, com a superfície toda da sua pele. O sexo adulto, genitalizado, girando em torno do prazer final do orgasmo, é fruto de uma longa repressão da multifacetada sexualidade infantil. Assim a sexualidade é a ocasião privilegiada do exercício de um poder social de normalização e repressão, de interdição e proibição, a porta de entrada na sociabilidade da lei, primeiramente inscrita no âmago do nosso corpo e como anteparo do desejo. A sexualidade é um resultado da cultura, e assim seu domínio é ético, e não biológico.

Não será justamente por causa disto, por ser primeiramente um gozo sem delimitações prévias, que o amor é um sentimento transgressor por excelência? Todos nós sabemos quanto é desaconselhável censurar ou proibir os namoros adolescentes. Fazê-lo significa, na maior parte das vezes, exacerbar a paixão, como se fosse isso mesmo o que eles esperavam. A proibição do amor remete o imaginário do par enamorado ao universo mitológico do amor impossível, do tipo Tristão e Isolda (lenda celta antiga, provavelmente do século IX a.C.), ou Romeu e Julieta. Ou seja, ao amor romântico, definido por um estudioso do assunto como "amor recíproco infeliz", protótipo de todos os nossos mitos contemporâneos. Mas será mesmo essa a natureza do amor? Seria ele amor do sofrimento da paixão, de qualquer forma, mal resolvida? Neste caso onde inserir o casamento, sonho de realização eterna da felicidade a dois? Mesmo que não se trate do casamento religioso ou civil, não amamos para casar, constituir uma família, gerar filhos? Não é esta uma evidência trivial?

Este livro é uma interrogação sobre as três dimensões, de certa maneira problemáticas, referidas aqui. Primeiramente, as contradições do próprio amor —

o amor/dor —, depois a sua desnaturalização — o amor procriador —, e, finalmente, as origens do amor-paixão — o amor impossível — e sua relação com o poder (político, médico, religioso) e o casamento — o amor-instituição.

3

AMOR E DOR

Como quer que pensemos o amor, encontramos nele a idéia da *ultrapassagem de um estado natural originário, de unidade e satisfação superiores*, quase divino, rompido por uma falta cometida pelo homem que o leva ao decaimento na finitude da sua condição propriamente humana (por exemplo, Adão e Eva). Acrescente-se a isso a nostalgia de retornar àquele estado através da fusão com outro, tendo por base a relação sexual e a procriação, ou a simples "troca dos corações", como no amor trovadoresco. Os mitos de Adão e Eva, os andróginos partidos de *O banquete* de Platão, o filho expulso do ventre da mãe, onde repousava imune a todo desejo e desprazer, a proibição do incesto; mas também as lendas de Tristão e Isolda, as tragédias românticas, de Romeu e Julieta até *Love history*, quase tudo da poesia lírica ocidental, não cessam de evocar, direta ou indiretamente, a idéia desse estado de fusão que faz de dois, um, e, simultaneamente, a sua absoluta impossibilidade, porque ele implicaria o retorno a uma condição originária doravante interditada aos homens.

Na verdade essa separação originária, esse sentimento da existência como falta endereçada ao outro, isto é, o desejo que nos faz amar, nada tem a ver com a diferenciação sexual, com a existência de gêneros — os amores homossexuais são tão amores como os amores héteros. A falta, presente no cerne do desejo, e à qual nos referimos aqui, radica, mais profundamente, nesse fato escandaloso: há um outro eu que eu não sou. O problema não são *os outros*, ou seja, a multidão indiferenciada dos indivíduos de que se compõe a humanidade, mas *este* outro com quem eu me defronto, e, pelo menos provisoriamente, mais ninguém. Este outro sobre o qual se debruça meu afeto como outro absoluto, como outro na face de quem eu reconheço de forma privilegiada a humanidade do meu próprio eu, se sou objeto do seu amor, e a humanidade de todos os homens como igualmente dignos do mesmo amor. No amor a face do outro é o espelho onde compreendemos no mais alto grau possível o que significa humanidade porque amo sua vida humana, se o amor é autêntico, amo o que ele é, não o que ele tem (o que vale inclusive para o corpo físico).

Do desejo, que é sofrimento da falta, somos conduzidos ao amor, que é esta mesma falta militante, até o gozo: idéia de supressão de toda falta através da fusão com o outro, com Deus, com as forças cósmicas, ou com um ideal absoluto. Que o gozo seja impossível, interdito ou ilusório. Nada disso parece importar aos amantes, porque vivem em *estado de excepcionalidade*. Excepcionalidade com relação aos valores, normas e leis sociais, aos ditames sensatos da razão e, inclusive, com relação às leis divinas. O amor ocidental não é pensável sem a idéia de que ele autoriza todas as transgressões, de que é loucura. "Nunca existiu amor sem loucura. É impossível que seja de outra forma" (Labé, *Disputa entre o amor e a loucura*).

Assim o amor é aparentado à loucura porque *perverte, transgride todas as lógicas*. Da utilidade, da verdade, do bem. Ele é inútil e enganoso. Quem diz "eu te amo" quer ser amado, diz na verdade "ama-me". Além disso — absurdo dos absurdos —, tem prazer no sofrimento. "Morro de não morrer" de amor, diz santa Teresa; o amor é "dor que desatina sem doer", escreve Camões. O apaixonado toma estranhas atitudes. Precisa escrever uma carta de negócios importante. Em vez disso, escreve uma de amor e não a envia. Ele nem mesmo sabe descrever o que quer na, ou da, amada. Então o que é o gozo, ou o que é do gozo?

Imaginemos um deus disposto a conceder aos homens todos os gozos que eles forem capazes de viver, desde que lhe digam o que precisamente querem. Voltarem ao estado assexuado de Adão e Eva, fundir-se com o outro em um só corpo, como os andróginos de Platão, dissolver-se no cosmo ou ter um orgasmo tão intenso e simultâneo que o prazer de ambos tornar-se-ia um só prazer... podem escolher. Qualquer alternativa será como a morte: sem retorno ao ponto de partida. Por isso a psicanálise afirma que "o gozo é impossível", indefinível, inominável. (Distinguimos aqui o gozo, propriamente dito, que seria a tentativa ou busca de fusão com o outro, ou utopia de um estado de prazer ilimitado, o que, em ambos os casos, aniquilaria o desejo, do gozo sexual, dos prazeres que se tem no tempo limitado do ato sexual, antecedendo a volta à vida cotidiana deserotizada.) Quem de nós, em sã consciência, definiria as alternativas acima como objeto da sua eleição, como aquilo que gostaríamos que acontecesse no amor? Ou, ao contrário, diria que podemos aspirar no máximo a casar com a pessoa amada, ou multiplicar orgasmos satisfatórios, já que o gozo, propriamente falando, seria impossível? "Ter a mulher dos sonhos", dir-se-ia. Mas os sonhos são feitos para serem desfeitos, no divórcio, acidentes, traições, outros amores inesperados...

Mas não. Estas trivialidades, o casamento, o sexo, não satisfazem os autênticos amantes que voam sempre para além. Como amar e deixar de afrontar, no mínimo, a prudência de todos os deuses? Como deixar que "a barca do amor se quebre contra as águas do cotidiano", no casamento? E, por outro lado, como querer o impossível e, ao mesmo tempo, regojizar-se em jamais poder alcançá-lo? Paradoxo: o amor é "um não contentar-se de contente". Por isso o gozo é o que só se pode entrever através da satisfação sexual. Está presente de soslaio nos abraços apertados e por vezes desesperados dos amantes, nos sonhos compartilhados, no casamento, no nascimento de um filho, na grande luminosidade do prazer orgástico, conquanto não o queiramos todo, não o desejemos pleno, não esperemos dele a felicidade eterna, a volta a um estado de completude originário (qualquer que seja), para sempre proibido. O gozo se assemelha muito à "coisa visível", jamais possuída de todo, sempre dada absolutamente.

De fato, uma coisa é, sobretudo, algo visível. Eu digo então: "Vejo um dado". Mas vemos mesmo "um dado"? Não seria melhor, mais próximo da verdade da percepção efetiva, dizer que vemos um dos lados de um cubo? Se mudo o ponto de vista, continuo a ver sempre um, ou no máximo três, dos lados do cubo. O cubo por mim concebido, como objeto que possui seis lados, não é ele próprio jamais visível como tal, com todos os seus lados. No entanto o cubo está aí, sempre presente através de qualquer dos seus infinitos lados e perspectivas possíveis. *Surpreendentemente descobrimos que o olhar vê, assim, mais do lhe é dado ver (como o amor quer mais do que lhe é dado obter amando...).* Através de qualquer dos seus lados é a coisa mesma que vemos, sem ter de completar a percepção acrescentando-lhe o auxílio de um juízo, conceito ou pensamento de qualquer ordem. Tal é o milagre da percepção. Vemos a própria coisa por uma das infinitas perspectivas com a condição de nunca querer possuí-la toda pela visão, única forma, no entanto, de tê-la em carne e osso.

Se me permitem a analogia — e do gozo só podemos nos aproximar assim, mediante um discurso figurativo —, o gozo é como a coisa percebida (e esta já não é nada tão misterioso assim). Está dado inteiramente onde o buscamos, isto é, onde o desejo o inventa, reservando-se o direito de furtar-se sempre à sua realização, em outro "gozo". Nunca está onde o buscamos, jamais o buscamos onde ele está.

O gozo não é a realização do amor. Pretende ser a realização do desejo. O amor, dissemos, é o desejo militante, isto é, engajado na realização de uma história de amor. Amor à primeira vista, por isso, não existe. O amor é uma tarefa, uma dificuldade mais do que faculdade, precisa de tempo para fluir nos atos de amor que o constroem. Ele imobiliza subitamente o fluxo do desejo. Precisa de espaço também, além de tempo. O amor é necessariamente convivência, ainda que não necessariamente convivência conjugal. Implica cumplicidade, companheirismo, admiração mútua e, conseqüentemente, profundo respeito pelo outro, amizade. O desejo não. Este é instantâneo, instala-se de chofre, avesso ao tempo e, principalmente, em parte, à lei, como ele é. O desejo é instantâneo, só o amor é eterno, é ânsia de eternidade. Todos já presenciamos uma birra de criança e sabemos com que ardor o pequeno tirano rebate todos os argumentos e considerações contrários à realização do seu desejo — na maior parte das vezes, de algo insignificante, como um doce — com um simples: "Mas eu quero porque quero". Por isso poderíamos dizer que o amor é o desejo civilizado, o desejo em face do desejo do outro e, principalmente, do não. Desejo submetido, portanto, à lei, às circunstâncias da sua realização possível, que não interessam ao nosso garotinho que quer tudo aqui e agora. Isto porque para a criança, incapaz ainda de fazer face ao desejo do outro, importam apenas o próprio desejo e sua satisfação imediata, sem condições.

Assim, todo desejo guarda resquícios do que ele foi, em sua origem, na infância: libido ainda selvagem, exige sua satisfação imediata. Não suporta distensões, condições, adiamentos, recusas, subterfúgios, o Não. O desejo vive em estado de urgência. Ao contrário do amor, é impaciente e intolerante. Para ele é tudo ou nada, porque nasce em nós justamente como percepção alucinatória a partir da impaciência infantil em suportar qualquer forma de desprazer. *Nós sempre tendemos a realizar na antecipação imaginária do objeto da satisfação a pró-*

pria satisfação (*como fizemos primeiramente quando bebês*) e, de alguma forma, nos deleitamos com isso. Somos capazes de gozar a ausência do objeto do desejo e, conseqüentemente, da sua insatisfação. Primeiramente o desejo nos liberta da necessidade natural, é deslocamento da pulsão, do alimento e da fome, para o seio e o amor da mãe. Não é de modo nenhum casual que se fale em "fome de amor". É através da fome que recebemos os primeiros cuidados, os primeiros carinhos do amor maternal. Que experimentamos o primeiro conforto do corpo do outro, que nossos gritos trazem-no à nossa presença. Da fome, e do prazer de estar saciado, nossa libido caminha para o prazer da boca, isto é, do próprio órgão, como no ato de sugar e, finalmente, beijar.

"Sempre desejei uma grande atividade sexual, porque nunca me sentia satisfeita. Eu precisava de mais e mais, e *nunca tirava nada daquilo* [...] acabei deixando (meu parceiro) quase maluco", afirma "Irene", sobre suas experiências sexuais com o ex-marido, no livro de Carl Rogers intitulado *Novas formas do amor*. Mas, afirma ainda, "nunca deixei que homem nenhum percebesse que eu não gozava". Vemos então duas dimensões essenciais do gozo feminino, expostas na fala da Irene. A primeira é a insatisfação profunda. O sentimento de que é preciso sempre alguma coisa a mais para o gozo, digamos, final. A segunda diz respeito ao engodo, à possibilidade de as mulheres poderem fingir o gozo sexual que os homens não podem. O psicanalista francês Jacques Lacan afirma, a propósito, que o fato de o gozo (da mulher) jamais poder ser apoiado sobre um sinal seguro, e sem ambigüidades, faz que este seja sempre ainda mais, outra vez, demandado. O gozo está, assim, de alguma forma, além dos limites do simples prazer sexual, ou seja, do orgasmo, como a análise da mulher nos mostra mais claramente do que a análise do gozo sexual masculino.

Ora, para o homem ocorre algo inverso, na medida em que o gozo sexual está ligado a um sinal visível, à ejaculação, e a um limite preciso, a saber, o tempo da ereção. Mas o caráter do limite do gozo não se deve a qualquer característica da organização anatômica particular do corpo feminino ou masculino. O gozo da mulher se repete por causa de uma demanda vinda do outro, que dele não pode se assegurar através de sinais exteriores, jamais essencialmente vinculados ao gozo "real" visado pelo homem. Nesse estranho comércio, não é o gozo sexual do outro o que é propriamente negociado, isto é, intercambiado — como se fosse o caso demandar uma equivalência: "Goza do gozo que eu também gozo". O orgasmo da mulher é sempre plural.

Ela jamais goza no sentido em que sua excitação terminou, goza e é um gozo que circula sempre sem se extinguir, reabsorver-se [...] a sua única exigência é: tributem honra a todas as partes, à boca, ao sexo, ao útero e à vulva, à orelha e ao ânus, ao joelho e à delicada pele das pálpebras [...] estejam em todos os lugares contanto que esse gozo não esteja mais em lugar nenhum. (Finkielkraut & Bruckner, *A nova desordem amorosa*)

Assim, como vimos a propósito do orgasmo feminino, o "mais gozar" define o caráter de uma demanda amorosa do desejo que não tem, nem pode ter jamais, contrapartida no *orgasmo* do outro. Como no exemplo anterior, o amante não pode receber de volta o que ele pensa ter dado, ou seja, o objeto de um gozo incontestável. "O teu gozo não podia ser apenas o meu, era outro e me apartava de você. Aonde te levava este fôlego, este gemido, este suspiro? Ali estava a evidência de que éramos dois. Impossível satisfazer o gozo sem violentar o amor" (Milan, *E o que é o amor?*). De fato, em sua dimensão essencial, o desejo é o desejo do outro: eu desejo o desejo com que o outro me deseja. Mas *um não é o que o outro deseja, nem o outro é o que o um deseja*. O amor é pois tecido a partir desse desencontro que entrelaça dois desejos unidos por um mesmo equívoco. O amor é crença de que de dois se possa fazer Um. Mas o sexo desfaz essa crença através da certeza, sempre refeita em cada ato sexual, por melhor que ele seja, de que onde há dois, há, sempre e reiteradamente, dois. Podemos dizer dos amantes que estão juntos desde que possam estar sempre ainda mais e de outra forma.

O gozo, como vimos, o gozo de Irene, nossa personagem, está no desejo de gozar sexualmente sempre mais, de gozar sempre de um outro gozo. A relação sexual, como ela diz, é isto de que "nunca se tira nada", pois há sempre, como afirma a psicanálise, uma "parcela de gozo que resiste obstinadamente à sexualização", que não se reduz ao prazer obtido por nenhum órgão e mesmo ao prazer do ato sexual como um todo, mesmo em se tratando de um orgasmo. Desse modo, por mais obscuro que isso possa parecer à primeira vista, *o prazer sexual (no sentido da satisfação obtida com o sexo) mantém sempre uma relação de exclusão com o gozo.*

De fato, a palavra *satisfação* vem do latim e significa "fazer o bastante", ou, mais simplesmente, o próprio fato de algo ser o bastante. Assim, o prazer obtido em qualquer processo de satisfação tende a um limite, aponta para um apaziguamento, para um agora basta. Existe efetivamente na satisfação uma certa contenção do que poderia, em um crescendo ilimitado, apresentar-se como um prazer incessante e de intensidade ilimitada. É a isso que chamamos, propriamente, de gozo.

Ora, o tempo do prazer é o mesmo da intensificação da vida que nos faz lembrar, por contraste, a morte ou o retorno à vida normal. Nenhum prazer, suprema verdade, dura para sempre, e os mais intensos são os mais breves. O narrador de *Em busca do tempo perdido*, de Proust, se entristece em comparar a mediocridade dos prazeres que lhe dava Albertine, sua amada, com a riqueza dos desejos que ela, embora não cessando de suscitá-los, lhe privava de realizar.

Santa Teresa de Ávila (1515-1582) descreveu a experiência do Amor divino através de um transe místico no qual lhe apareceu um anjo com uma espada de fogo nas mãos. "Com ela", relata, "ele pareceu romper meu coração [porta de entrada da intimidade espiritual em linguagem mística] várias vezes, de modo a penetrar minhas entranhas [...] a dor era tão aguda que me fazia proferir vários gemidos; e tão excessiva era a doçura que me causava esta intensa dor que o desejo é que ela *nunca se acabasse*, e alma nenhuma se contentaria com algo menos que Deus."

Por meio desse exemplo percebemos que o gozo, a presença e a posse do objeto de desejo, se identificam à mais profunda dor. Dor transmutada, contraditoriamente, em "doçura". Doçura da mais profunda ausência, ou melhor, da presença da mais absoluta de todas as ausências, porque é a ausência, o vazio, de Deus. Mas santa Teresa era uma mística. Não seria profanação atribuir-lhe um gozo erótico? O que dizer então dos amantes que, em pleno orgasmo, gritam: "Ai! Meu Deus!"?

Assim, não se chega nunca ao gozo, propriamente falando, o qual não se identifica ao orgasmo, através do prazer sexual, nem o gozo conduz necessariamente ao prazer sexual como o gozo de santa Teresa O prazer sexual é exibição e confronto das diferenças que fazem homens e mulheres seres distintos, isto é, das diferenças corporais que impedem a reciprocidade, tão desejada, do gozo, o espelhamento recíproco, a fusão sensual, para a qual a busca de sincronismo dos orgasmos orquestra uma verdadeira comédia erótica. Digamos que o corpo fundível, que permitiria a reciprocidade do prazer e, através dele, a experiência de uma nova unidade, nunca é o corpo sexuado. Porque, de fato, o sentimento não implica reciprocidade. A evidência de que importa menos ser amado do que amar remonta a Aristóteles. O filósofo grego afirmava que o amor é um ato, e há mais prazer em agir, isto é, em ser sujeito, do que em sofrer passivamente, sendo objeto do amor do outro. A exigência de que o outro falta ao meu desejo para que, do meu estado de incompletude e carência, eu possa retornar a ser UM, fundindo nossos corações, vidas e destinos em um só, é uma exigência do corpo.

Perdido na imensidão inalcançável dos mundos da sua interioridade, nos mistérios da sua subjetividade absolutamente individual, no momento em que o outro goza sexualmente ele me devolve à maior das solidões. Quando todos os estratagemas mundanos foram postos em ação, os corpos plenamente excitados e sincronizados em orgasmos uníssonos, quando a chama do amor e da paixão parece arder no leito, quando os corpos se estreitam querendo fundir-se um no outro, neste instante estamos defronte da maior das catástrofes do amor. Porque não há nenhuma outra forma mais intensa, possível de comunicação e proximidade imaginável, dada aos homens; através dela mais nos acercamos do que há de incomunicável na relação com o outro. Mas esse abismo de prazer nos fascina, e a volúpia sensual consiste em desejar viver sempre em sua margem. Não posso transpô-lo, não posso nele me perder, mas posso me deter à sua porta e, literalmente, quedar abismado.

O desejo fixa, assim, um objeto para o amor: é esse e não outro. O desejo precede o amor, ele é sua possibilidade. Amamos porque desejamos, porque o corpo é já erotizado mesmo quando ainda não amamos ninguém. O desejo incendeia seu objeto e o torna único, exclusivo, absoluto, prontificando-o como matéria para os atos do amor. O desejo nos liberta da necessidade, como vimos, e o amor nos liberta do desejo. Sem o amor o desejo é cegueira: selvagem, obscena, perversa. Sem o desejo o amor é vazio, sem objeto, intensidade, ou fixação. Mas o gozo impede que o amor diga a última palavra.

Um escritor do século XVIII, denominado Rasselas (citado em Hirschmann, *De consumidor a cidadão*), ao qual concedemos a vez, pergunta: "O que faz a diferença entre o homem e o resto da criação animal?". E responde: "Como o animal, sou atormentado pela carência, mas não sou, como ele, satisfeito pela plenitude".

4

NASCI PRA VOCÊ: O CARÁTER SINGULAR DO AMADO E DA ESCOLHA AMOROSA

Conta a lenda que um antropólogo teve a ocasião de narrar, para os primitivos da aldeia onde residia, uma história antiga dos tempos dos romances de cavalaria. Depois de relatar os percalços e as provações sofridas pelo herói, em busca de conquistar sua inacessível Dama, um dos presentes indagou: "Mas por que ele não procurou conquistar outra moça mais fácil?". O que o nosso selvagem não entendeu da história de amor romântica é justamente isto: como um indivíduo pode se tornar objeto de uma escolha absoluta na vida de alguém? Como pode se tornar absolutamente insubstituível? O que alguém tem que outro não possa ter (ou ser), para ser igualmente desejado?

O amor-paixão implica a idéia da eleição do outro e da busca da fusão erótica com ele — fusão que não depende necessariamente da realização de um ato sexual

—, como finalidade última da vida, sem o que a própria vida perderia o sentido. O outro é elevado ao estatuto de ser absoluto, paradoxalmente, para mim. A substitutibilidade é precisamente a característica essencial de tudo aquilo que é um meio para alcançar outra coisa, o que é totalmente contrário ao amor. O amor é um fim em si mesmo, a ponto de o sujeito apaixonado desejar viver para que o amor dure. Parodiando Fernando Pessoa, para os perdidamente apaixonados amar é preciso, viver já não é preciso.

O amado é, então, visto como causa do desejo. Desejo adormecido e despertado, como na história da Bela Adormecida. O caráter absoluto do outro, e a eleição do amor como bem supremo da vida, estão na base da loucura e da transgressão porque tornam tudo o mais relativo e desprovido de sentido diante da própria paixão e seus fins. O fatalismo da paixão evita o "pensamento impensável" de que o desejo, como vimos, antecede a escolha amorosa particular, de que o amor tenha uma causa.

Ora, o exclusivismo dos amantes, a crença na inevitável confluência dos destinos individuais, a certeza de ter cada um nascido para o outro não fazem sentido senão quando remetidos à única experiência possível de duas existências inseparáveis, a saber, a mãe e o filho. Só a parelha maternal satisfaz aquela condição porque mãe e filho nascem juntos, só a mãe se torna para o filho o que ela é, no dia em que ele nasceu. Só ele nasceu para que ela fosse mãe. Assim as expressões "nasci no dia em que te conheci" ou "nasci para você" são mais do que simples metáforas poéticas. São a expressão nostálgica de uma condição perdida e interditada, que deve se projetar, através do amor, em situações novas e futuras, mas sempre imperfeitas, porque são substitutas, isto é, estão sempre no lugar de outra coisa em si mesma inalcançável.

Mas, se somos capazes de amar mais de uma vez — como Dom Juan —, então talvez o desejo não pouse necessariamente sobre a singularidade do outro. Esse fato faz entrever a existência de uma tipologia, ao mesmo tempo causa da inconstância do desejo e do que há de inefável e inexplicável na escolha amorosa. Se todos os indivíduos têm, de algum modo, a mãe por modelo da mulher amada, como queria Freud, ou um ideal de beleza, como queria Platão, essa busca já está fadada ao insucesso desde o início, uma vez que, comparada ao modelo ideal, a imitação é sempre imperfeita. Por outro lado, o amante não pode dizer que o ser amado está no lugar de outra coisa que o ultrapassa em valor, sendo desejado em decorrência da sua semelhança com um modelo, ou, se quisermos ser mais precisos, um mito. Ora, o mito só é o que é com a condição de não se apresentar à consciência como mito. Se fosse confrontado com a verdade desapareceria, perderia toda a sua eficácia. A mãe simbólica só pode orientar as escolhas amorosas do indivíduo se essa motivação permanecer inconsciente. Aquele que soubesse que "vê" a mãe no objeto da sua escolha, cessaria imediatamente de desejar. Por isso, quanto mais singular é o objeto da escolha, menos posso nomeá-lo e justificá-lo. A causa do amor é indefinível porque, se houver uma, será uma mistificação, o ser ideal, ou um interdito, a saber, a mãe. A fórmula "amo porque amo" aponta justamente para esse paradoxo do apaixonado situado diante de uma escolha que empenha toda a sua vida e não tem por quê. Ninguém escolhe amar, todo mundo é livre para amar.

Vem daí, da singularidade absoluta do amado, o fato, muito comum, de os apaixonados se darem apelidos. Um apelido significa "torno a batizá-lo para fixar a diferença entre quem você é para mim e quem você é para o resto da humanidade". Sabemos que o amor transfigura seu objeto. Os homens cegados de paixão atribuem à amada o mérito de todas as mulheres em uma só (Lucrécio, *De rerum natura*, IV, 1170). Assim, a beleza não está na origem do amor, sendo antes o resultado do processo de transfiguração do amado que Stendhal, escritor francês, chamou de processo de "cristalização" da imagem do outro.

Porque o amor não atesta simplesmente um sujeito existente, não atesta sua beleza, bondade ou sensualidade. Ele cria, através da "cristalização", a humanidade do outro. Referindo-se à peça musical de Ravel, sobre a conhecida lenda "A Bela e a Fera", Roland Barthes (*Fragmentos de um discurso amoroso*) afirma que, no momento em que a Bela diz "eu te amo" para a Fera, "através do rasgo suntuoso de um acorde de harpa, aparece *um novo sujeito*". O amor cria, assim, suas próprias razões de amar, cria seu próprio objeto, reinventa o ser amado revestindo-o com os ouropéis do desejo no mesmo momento em que o avalia. Comporta-se como um deus criador e, tomando como objeto o que ainda não era, em si, digno de amor, confere-lhe um valor absoluto.

O sujeito amoroso está cativado pela idealidade do ser amado. Mas, na verdade, ele idealiza o outro antecipando-o em uma posse imaginária na qual receberá todos os atributos de uma perfeição suprema, de uma beleza máxima. A fantasia do outro ajuda a viver a ilusão de que todos os meus vazios interiores estão preenchidos pelo outro, ser exterior, por sua pessoa viva. Então a beleza do amado é toda tecida de projeções, inevitáveis, do meu próprio desejo interior, em seu corpo, exterior. Eu deposito nele, como um véu brumoso de beleza e bondade, todas as fantasias do meu desejo. Assim, quando perdemos a pessoa amada, por qualquer motivo, não perdemos apenas o seu amor ou o calor da sua presença. Perco o ser que alimentava, como um princípio que dá coerência, harmonia e equilíbrio, as minhas próprias construções interiores, minhas demandas de prazer, meus sonhos de felicidade e paz na vida. Custamos a perceber que o que perdemos, perdemos dentro de nós, não no mundo.

No plano da paixão, só a quem ama a beleza do outro aparece tal como lhe aparece. Por isso a escolha apaixonada não resulta de um juízo estético (quando dizemos "isto é belo"): não almeja a universalidade do sentimento de beleza provocado, por exemplo, por uma obra de arte. Também não é racional. Não deseja, nem pode, justificar sua escolha perante os outros, e, se pudesse fazê-lo, não seria, propriamente falando, amor autêntico. Nem mesmo se trata de um juízo moral, do tipo "devo amar tal pessoa" (imperativo categórico, como o "amai o próximo", da religião cristã), porque o amor não se impõe como um dever, antes como aceitação de um destino inevitável, antes como passividade: "estou perdido de amor".

No amor autêntico há assim uma espécie de fuga incontrolável para universos imaginários onde se projeta a paixão, tornando o amante incapaz de formular demandas precisas de satisfação (por exemplo: "faça exatamente isso ou aquilo para me fazer feliz"), ou nomear o que no outro desperta, causa e autoriza o seu desejo. O frenesi amoroso adianta no imaginário o objeto do desejo de tal modo que a realidade, incluindo-se o corpo do outro, se recobre com um véu que não pode ser retirado sem destruir o amor.

Freqüentemente as pessoas se espantam com as escolhas amorosas feitas pelos outros, o que se reflete na pergunta: "O que você vê naquela mulher" ou "naquele homem"? Isto mostra que o ser amado ou aparece envolto nesse véu de embelezamento, tomado pela "cristalização", ou não é amado. O outro "cristalizado" se dissolve em uma infinidade de signos igualmente significantes de uma totalidade ausente, a sua beleza sendo somente alcançável pela imaginação desejante. Por isso o verdadeiro objeto de amor é, repetimos, a imagem do outro projetada no meu desejo. É esta imagem, e não o ser amado em carne e osso, que me fascina e desperta o meu desejo. Desejo impossível de fazer coincidir, pelo amor, a imagem idealizada e a pessoa do amado. Fazer coincidir absolutamente a imagem idealizada, alucinada, interiorizada, do outro, e seu ser em carne e osso, seu ser no mundo à minha frente, é a impossível função do gozo. Mas essa coincidência, absolutamente impossível, pode ser relativamente possível, fugidia. Esses são os momentos mais intensos do amor. Quando reconhecemos no corpo do outro, nas suas atitudes e palavras, nossa própria imagem desejante dele. Ao reconhecer encarnado no mundo o objeto fantasiado do nosso desejo é como se nos reconciliássemos com a falta que nos atravessa, como se, por causa dessa falta, e para ela, o destino (quando não o próprio Deus) nos houvesse premiado com um ser "sob medida" ("Deus criou você para mim", afirma uma conhecida música).

Mas o objeto do amor não está em nenhuma das qualidades possuídas pelo outro. Toda qualidade é universal, podendo, em princípio, ser transferida para outro indivíduo. Mas o amor não. Também não é a soma, nem mesmo a síntese de diversas qualidades. Por mais singular que seja essa síntese, pode ser sempre pensada ocorrendo em outra vida individual. O amor deseja a pessoa em sua inteira e exclusiva individualidade. Por isso, tanto onde prevalece o desejo sexual quanto onde domina a admiração espiritual, reina o amor inautêntico. A inteligência e a sensualidade, a beleza e a delicadeza, por exemplo, são qualidades, e, como tais, pertencentes a quantos indivíduos quisermos. No amor o olhar do outro fala ("esse teu olhar quando encontra o meu/ fala de umas coisas que eu não posso acreditar") e, ao ouvir suas palavras, mesmo estando distante, sinto o perfume do seu corpo. Amo o seu espírito através do seu corpo, e o seu corpo a partir do seu espírito. Assim como o olhar dele(a) me fala, suas palavras emanam no ar, como que perfumadas. Em nenhuma outra experiência humana o enigma — que tanto os filósofos buscaram resolver — da constituição da individualidade como alteridade, isto é, como outro eu, pode ser vivido com tanta intensidade como no amor.

Porque as minhas qualidades são os limites fáticos da minha vida, as fronteiras materiais do meu ser. Elas afrontam a minha liberdade na medida em que não posso escolher a minha altura, a cor dos meus olhos, os meus pendores intelectuais ou manuais, as minhas origens etc. Ao contrário, me redescubro ser amado como fonte do mundo. Na afirmação "você é meu mundo" há mais do que simples metáfora. O outro é um mundo para mim porque ele é fonte do mundo no sentido de um fundamento situado além de todos os valores instituídos. Porque é existência livre de onde se originam todos os valores, porque mesmo encarnado na singularidade do seu corpo físico, da sua situação social, meu olhar amoroso projeta o outro na fonte de todas as possibilidades de ser. Assim o olhar amoroso é essencialmente libertador. O amado me aceita como eu sou justamente porque o que eu sou é justificado em função da sua liberdade de me acolher, não como eu sou para os outros, mas como sou em função da liberdade do outro. "O fundo da grande alegria do amor é", afirmará Sartre, "nos fazer sentir a existência justificada" (*L' tre et le néant*).

Por isso o amor se descobre inautêntico quando desaparece esse encantamento, quando descobrimos então o "valor" das características reais do outro, que antes nada significavam: os belos olhos, a inteligência, a riqueza, a segurança, a atração sexual, a posição social etc. Vem então a confissão patética comum aos amores fracassados. Os amantes explicam: "Na verdade eu não gostava dele(a), gostava era de...". *O amor que tem fim é o que se descobriu erguido sobre um motivo.* Ao final do amor o outro surge justamente como um ser qualificado, social ou individualmente, imerso indiferentemente na multidão que nos cerca, objeto de relações, mas não mais de escolha exclusiva e fascinação. Aí também surge a possibilidade de odiar, porque o ódio não pode ser separado da representação da sua causa. Ao contrário do amor, "eu te odeio porque...". Assim, no amor o que é desejável no outro aparece comumente como algo insignificante que, como tal, não justificaria a paixão e o desejo: um jeito de rir ou de olhar, o tom da voz, mais do que as qualidades morais. Essa insignificância disfarça e prenuncia o caráter secreto do objeto do desejo, ao próprio desejo.

No romance de André Gide intitulado *A sinfonia pastoral*, um pastor recolhe aos seus cuidados uma jovem cega que por ele termina se apaixonando. Após algum tempo Gertrudes recupera a visão e, vendo o filho do pastor, Jacques, por ele se apaixona imediatamente. "Quando vi Jacques percebi que ele tinha exatamente o rosto que eu imaginava que você tivesse", diz ela ao pastor. Assim, as qualidades do pastor haviam suscitado em Gertrudes uma paixão, até então, sem rosto. De fato, o rosto do outro de forma nenhuma é uma representação das suas qualidades, mesmo da sua beleza, como vimos. *Ele é o que representa uma individualidade, a singularidade de uma vida outra, mas como a minha.* A história de amor põe, assim, a nu, uma dificuldade filosófica. Mesmo havendo dois seres idênticos em qualidades, em beleza e aparência, ainda assim o amor seria de um, e não de dois. Na famosa tríade amorosa da mitologia grega, não é possível a Alcmena amar Zeus e Anfitrião, mesmo que o primeiro, rei de todos os outros deuses na referida mitologia, tenha assumido a forma idêntica do corpo do segundo, e tenha empenhado, nesse estratagema, todos os seus mais sublimes poderes divinos, porque o amor não é uma decisão de amar amparada no reconhecimento da presença de determinadas qualidades em um indivíduo *qualquer*. Diante da razão não há motivos para escolher: ela iguala todos os homens em um mesmo patamar de dignidade. Mas o amor não procede simplesmente de uma verdadeira escolha: ele primeiro investe o objeto amado de um certo maravilhamento que é o próprio desejo. O amor é, primeiramente, passividade.

Se o objeto do desejo, o que o motiva e causa, é secreto e inefável, o amor pode, em contrapartida, dizer-se através da sua história. Todo desejo é sem causa, mas todo amor é uma história de amor. *O discurso amoroso assume, pois, o lugar do impossível discurso do desejo do qual nasce.*

> Quero que me repitas até à exaustão
> que me amas que me amas que me amas.
> Do contrário evapora-se a amação.

Diz isso o poema de Carlos Drummond de Andrade. Assim o amor permite organizar a vida dos amantes em torno de uma memória: do primeiro encontro, dos reveses, dos reatamentos, e dos momentos felizes, enfim. Mas a recordação amorosa jamais é simples registro factual. Ela transforma uma história singular em episódios de um romance no qual dois destinos se entrecruzam, e duas vidas se justificam mutuamente. Mas esse discurso não será jamais esclarecedor, na medida em que resulta da imaginação, de forma nenhuma explicitando as razões de ser do amor, porque ele procede de um *"phatos"*. A narrativa da história de um relacionamento — seja feita literariamente, seja feita por um ex-amante abandonado, ao seu amigo, em uma mesa de bar — só se torna propriamente discurso amoroso sendo a demonstração da existência imaginária de um destino que, secretamente, conspirava para tornar possível a união, o que uma simples justaposição de fatos, relatando a história factual, jamais faria ver. Em outras palavras, o discurso amoroso jamais descreve simplesmente a história do amor, porque é impossível representar seu objeto através de uma descrição, por mais fiel e poética que seja. O que ele faz consiste em justificar, e o faz invocando seu objeto, ou seja, o próprio amor, como sujeito do discurso. Presume-se então que as palavras tenham esse poder de produzir na alma do ouvinte o sentido do amor, através do caráter poético assumido pelo discurso. Trata-se de transformar um conjunto de fatos objetivos em uma história que, enquanto história de um amor, é a narrativa da trama secreta do destino singular que uniu um dia, e separa agora, os amantes. Falamos de amor — na música, na literatura, na poesia — para evocar o indescritível e justificar uma escolha racionalmente injustificável, através da mitologia de uma destinação mútua dos amantes que tanto produziu o encontro quanto o desencontro. Toda fala de amor é discurso de um não saber, de fatos que não entendemos nunca totalmente, aproximando-se, por isso, da linguagem sagrada e teológica, ou seja, da expressão daquilo cuja verdade jamais se estende, banhada de luminosidade, à frente do olhar humano.

5

ATÉ QUE A MORTE OS SEPARE: O AMOR-INSTITUIÇÃO

Um mito cerca a idéia moderna de amor: o casamento é a realização necessária da paixão que une um homem a uma mulher. A expressão "Casaram-se e foram felizes para sempre" caracteriza o protótipo da mitologia amorosa: o casamento como acontecimento culminante da paixão. Desse ponto de vista o casamento seria a forma natural assumida pelo amor entre o homem e a mulher, transformados em esposo e esposa, a fim de permitir a construção de uma família, destinada, por sua vez, a preservar, na procriação dos filhos, a continuidade da espécie. A transformação do homem e da mulher em esposo e esposa pelos laços do matrimônio precede, pois, a constituição das figuras sociais do pai e da mãe, futuros genitores. (Pelo menos é assim dentro do esquema ideológico, jurídico e religioso que cerca a instituição moderna do casamento.) Cada um deve esperar trazer a Dama escolhida pelo seu coração para dentro da sua futura vida familiar, fazendo dela a mãe dos seus filhos, tal é a fórmula da felicidade no amor.

Mas nem sempre, na história, o casamento foi visto como a realização do amor, nem a família como célula conjugal destinada a abrigar as funções ligadas à procriação, tais como as relações sexuais entre os cônjuges, os cuidados com os filhos e sua educação. A família antiga foi mais uma instituição religiosa, a base de um culto, do que uma associação natural tendo em vista a procriação. O altar ocupava o centro da casa, os rituais religiosos tomavam acento no seio mesmo das lidas cotidianas. Na Grécia clássica a dignidade do matrimônio estava ligada à descendência nobiliária deixada pelo varão, jamais e simplesmente ao amor do homem pela mulher. Inicialmente a obrigação de fidelidade à mulher não constava dos deveres conjugais atribuídos aos gregos. O casamento de um homem não o ligava sexualmente à mulher, de forma exclusiva, nem o bom casamento se definia pelo amor dos esposos. A fidelidade era exigida em decorrências do status social do marido, e não da sua relação com a própria esposa. O bom matrimônio devia ser, antes de tudo, útil para o Estado e, se os filhos devessem ser "os mais belos e melhores possíveis", era em seu benefício.

Na Idade Média o casamento era um tratado mediante o qual duas famílias empenhavam sua palavra. Uma família recebia a mulher de outra, em troca de um dote. O casamento não era uma instituição universal. Muitas vezes não era necessário nem desejável que alguém se casasse. Em certos casos, se todos os filhos se casassem, poderia haver um número excessivo de interessados em repartir a herança, a família se arriscando a perder seu prestígio e seu poder. Daí o costume de enviar as filhas mais novas para conventos, evitando mais despesas com dotes.

O casamento medieval girava assim muito mais em torno da riqueza, da sua transmissão e manutenção, e dos interesses familiares envolvidos, do que exclusivamente do amor entre um homem e uma mulher. Teria sido mesmo um certo exagero dos costumes feudais relativos ao casamento como negócio o que teria suscitado o amor cortês. De fato, em torno do século XII a mulher e o casamento eram vistos como simples meio de enriquecimento e anexação de terras dadas como dote. Quando, por qualquer motivo, o negócio fracassava, a mulher era repudiada, comumente com a anuência da Igreja. A esses abusos, que provocavam freqüentes discórdias, não raramente guerras, o amor cortês virá opor o ideal de uma fidelidade desvinculada do casamento legal, e calcada exclusivamente na escolha amorosa pela Dama inacessível.

O matrimônio como sacramento regular, e não simples bênção, dispensada pelo pai ou pelo padre, aos noivos, só aparece no século XII, e a imposição de submeter os amantes ao ritual religioso remonta ao Concílio de Trento realizado pela Igreja Católica em 1563. O sacramento do matrimônio, uma vez instituído pela Igreja, será presidido pela idéia, canônica por excelência, de que somente através dele é possível conferir a graça necessária para santificar a união socialmente legítima do homem com a mulher, aperfeiçoando o amor natural e dando-lhe o caráter indissolúvel que o primeiro não tinha. Através do sacramento matrimonial o modelo católico de relacionamento e comportamento sexual será imposto ao restante dos grupos sociais. A forma assumida pela célula familiar sacramentada pelo matrimônio transformar-se-á no tipo exclusivo de família moral e socialmente aceitável. O casamento católico irá caracterizar-se pela *indissolubilidade* dos vínculos conjugais, *publicidade* e dever da prática da *castidade sexual*, isto é, do sexo contido nos limites de prazer impostos pela fecundação da mulher e procriação de filhos. Assim, como a sexualidade, enquanto função reprodutiva, necessita de um mínimo de atividade erótica, um só tipo de relação sexual, isto é, o que oferece a maior chance de fecundação, basta. A intensificação do apetite sexual, ou a adoção de uma grande variedade de posições, foi fortemente reprovada no interior do casamento cristão. Originalmente, pois, o casamento opusera o amor da amante, direcionado à busca de prazer erótico, ao amor casto da esposa, voltado à procriação. Amar sua esposa como uma amante, afirmará são Jerônimo, no século XII, citando Sêneca, é simplesmente "imundo".

A partir de meados do século XVII a sociedade moderna tenderá a aproximar as duas formas de amor tradicionalmente opostas, impondo aos cônjuges que se amem como dois amantes apaixonados, e se respeitem, para além da paixão, como dois seres cuja união foi confiada a Deus. O casamento reúne em um mesmo projeto de vida o amor-ágape, respeito carinhoso pelo outro, no interior de uma relação fraternal, duradoura, fiel, e a busca de prazer sensual. O amor conjugal é então, simultaneamente, entrega apaixonada de si, desejo sexual e amizade eletiva. Sob a forma acima descrita não há nenhum modelo imaginável de relacionamento amoroso mais rico, pois o outro é, simultaneamente, objeto de culto (assemelhando-se ao amor divino dos místicos), de desejo sensual e de amizade. Ora, o risco desse modelo de conjugalidade e de amor reside justamente no alcance das suas promessas. A paixão jamais prometia aos amantes idealizados e absolutizados uma vida feliz; a amizade traz a compreensão mútua, mas interdita, de certa forma, o gozo; o desejo conduz ao prazer, mas é avesso à pura amizade, a qual supõe o desinteresse. Por essa via o fracasso da vida conjugal, se acontece, é terrível. É fracasso do desejo, da amizade, da paixão. Da totalidade do amor.

Sabemos que, entre os sentimentos, o amor-paixão parece ser o mais afastado do tipo de afeição exigida no casamento, o mais distante da amizade terna e do respeito pudoroso através dos quais será definida a castidade sexual dos esposos. Como o Ocidente logrou conciliar esses dois extremos?

6

FELIZES PARA SEMPRE: O MITO DO AMOR-PAIXÃO

Sabemos que no século XII, data do Concílio que instituiu o casamento como sacramento e que, portanto, o regulamentou juridicamente, existiam variadas seitas místicas e doutrinas heréticas cujas idéias acerca da natureza do amor eram frontalmente opostas à ortodoxia da Igreja. Existiam, na época, duas correntes místicas principais: a mística unitiva e a epitalâmica. Ambas apregoam o culto do Amor e, através dele, a busca da união com o ser divino, por fusão ou comunhão. Essas doutrinas hereges negavam frontalmente o caráter sacramental ao casamento, uma vez que ele não se encontra referido, como tal, em nenhuma parte dos textos sagrados. Condenavam a procriação por ser oriunda do príncipe das trevas e, por fim, tomavam como modelo a ordem social que permitisse a guerra, considerada expressão do querer viver coletivo, tendo por base a doutrina do Amor.

Essas seitas heréticas exerceram considerável influência na Idade Média. O culto da Virgem Mãe, por exemplo, instituído pela Igreja a partir do século XII, foi uma forma de tentar converter para si o culto místico do Amor e da Mulher idealizados, fortemente enraizados, em sua forma pagã, na alma coletiva da época, de encerrá-lo na corrente da ortodoxia católica. Esse culto, místico, mágico e herético, influenciou decisivamente, em sua origem, os ideais do amor cortês, trovadoresco e cavalheiresco. Vem daí, da divinização mágica do "eterno feminino", o motivo da posse física da mulher ser considerada, na lírica trovadoresca medieval, uma profanação, devendo ser evitada a todo custo. Vem daí também, da permanência velada dos ideais do amor cortês, a mitologia do amor-paixão moderno que se supõe ser a base do casamento até hoje. De fato, exaltando a feminilidade, mesmo que em sua forma idealizada, as heresias, assim como o cristianismo, abriram ao homem as portas do amor pela mulher, derrubando a interdição que pesava sobre ele por toda a Antiguidade anterior. No entanto, essa influência das seitas medievais sobre os ideais do amor cortês não é imediatamente evidente.

A confusa retórica, por exemplo, utilizada pela poesia dos trovadores medievais, não é simplesmente o equivalente, mais racional, dos antigos dogmas heréticos, mas o desenvolvimento lírico dos seus símbolos fundamentais, entre eles o da mulher divinizada, pura, distante. A linguagem poética, a retórica e a simbólica do amor cortês resultam da interseção da mística de tradição herética com o cristianismo que, por condená-la brutalmente, obrigava o discurso nela inspirado a se exprimir através de símbolos equívocos, assumindo a forma, não somente mitológica, mas freqüentemente obscura. O poema abaixo ilustra com perfeição o obscurantismo da linguagem amorosa oriunda do amor cortês. Trata-se de um poema escrito por Dante — poeta ainda muito influenciado pela estética e pela mitologia medievais — em *Vida nova*, um livro em que narra poeticamente a história do seu amor por Beatriz, mulher e musa idealizada.

> *Quase se tinha atingido a hora*
> *Em que a luz estelar mais viva nos parece,*
> *Quando de súbito o Amor se me mostrou,*
> *De tal forma que lembrá-lo me horroriza.*
> *Alegre me parecia tendo*
> *Numa das mãos meu coração, e nos braços,*
> *Envolta num cendal, minha dama, adormecida.*
> *Despertou-a; e desse coração, que ardia,*
> *Ela comia, receosa, humildemente.*
> *Vi-o depois afastar-se soluçando.*

Segundo René Nelli (*L'Amour et les mythes du coeur*), os homens sempre tiveram horror de reunir em uma mesma figura feminina o desejo sexual e o amor, a posse física e um sentimento afetuoso e confiante, como ocorre entre a criança e a mãe. Esse sentimento está ligado à fatalidade do destino (não escolhemos a mãe, o destino nos a impõe). Freud afirma que a dificuldade experimentada pelos homens em reunir em uma mesma pessoa o objeto de amor e o desejo, isto é, a dificuldade de desejar a quem ama e amar a quem deseja, remonta a um complexo de Édipo "mal resolvido", na medida em que recorda o relacionamento infantil com a mãe. Dividindo as mulheres em prostitutas e santas ou, menos exasperadamente, em amantes e esposas, as primeiras objeto de desejo, as segundas, de amor, os homens se protegeriam do desejo edípico e incestuoso pela mãe, que reunia ambos, amor e desejo físico, em uma só pessoa.

Assim, não poderia haver paixão senão na medida em que fosse possível libertá-la dos ecos passados do primeiro amor, abrindo-a para futuros amores não incestuosos. Isso significa libertar a escolha da mulher das imposições do desejo e das finalidades eróticas, purificando o amor de todo contato físico com a Dama, agora idealizada. É preciso então que a mulher amada seja não toda a mãe. Que ela seja, ou digna de desejo erótico, ou de amor casto, de sexo ou paixão sublimada, de respeito e veneração, ou puro usufruto carnal.

Os antigos rituais mágicos de união, na medida em que permitem sacramentar a escolha da mulher tornando-a o receptáculo místico da alma viril, teriam a função de permitir superar a interdição incestuosa que pesa sobre o amor-paixão. Os rituais medievais de "troca de corações" são o eco tardio desses procedimentos muito antigos a partir dos quais se desdobrarão todos os elementos, muitas vezes contraditórios, da história do amor ocidental. De fato, a metáfora da "troca de corações", abundante e predominante na poesia e no romanceiro medievais, fazia referência a uma concepção arcaica do amor enquanto "magia de proteção". Confiando-se à sua Dama o cavalheiro obtinha dela uma proteção sobrenatural, sem dúvida nenhuma muito suspeita do ponto vista cristão, embora a proteção da Virgem Maria fosse rogada por todo lado e a qualquer pretexto. Assim as metáforas do "coração" — do coração "partido", "cativado", "inflado" ou "carente", para não nos perdermos em infindáveis exemplos —, dominantes no cenário do discurso amoroso contemporâneo, tem sua origem na poesia trovadoresca medieval. Mas esse uso abundante de metáforas servia na verdade para ocultar a origem dessa verdadeira instituição que foi o amor cortês, em antigos rituais mágicos pagãos, mais do que para adornar o discurso amoroso. A metáfora da "troca de corações", e todas as imagens poéticas dela derivadas, não era simplesmente uma preciosidade literária, um modo poético de falar do amor. Ela procedia de uma magia degradada, transfigurada ou sublimada, a exercer sua eficaz influência do fundo recôndito da memória cultural, como se fosse uma inaudível música de fundo.

De acordo com a tradição do amor cortês, a Dama deveria tornar-se uma espécie de duplo espiritual do amigo fundindo-se misticamente a ele e assegurando-lhe, desta forma, proteção mágica. Através do ritual de comunhão anímica, o coração do homem se alojava no seio da amiga, e o coração da mulher, no peito do amigo. Com isso passavam a formar um ser único, por uma espécie de androginia mágica. Esse enlace amoroso e fusional era casto, puro, despido de contato carnal. Ainda segundo René Nelli, essa atitude de castidade remonta ao "pré-amor mágico", como ele lhe chama, essencialmente "amor interrompido", fisicamente incompleto ou interdito. Assim, a necessidade de multiplicar, na literatura amorosa — da qual o drama de Tristão e Isolda é exemplar —, os obstáculos à realização do desejo remonta e revive liricamente aquela ritualidade ancestral do amor necessariamente insatisfeito. As barreiras, ao contrário de diminuir, acentuam a exasperação afetiva do desejo, garantindo, por essa via, maior eficácia mágica ao pacto de "troca de corações".

Curiosamente, essa idéia também será encontrada no taoísmo, ou seja, no costume oriental de reter a ejaculação, de segurar o gozo. Tal costume se apóia na crença do poder mágico do sêmen retido, da ejaculação impedida. É como se o amante contido se inflasse, através disso, de mais energia espiritual que flui gozosamente por todo o corpo. Na ótica do tantrismo, o pênis é um órgão com o qual não se deve gozar, se quisermos gozar com todos os outros. "Se praticamos o ato sexual sem ejacular, sua essência vital será fortalecida [...] ainda que o homem tenha reprimido sua paixão, seu amor pela mulher aumenta. É como se ele nunca pudesse possuí-la suficientemente. Como dizer que não há volúpia nisso?" (*Ars Amatoria*, versão chinesa)

Assim, os rituais de "troca de corações" precedem a paixão no sentido moderno do termo e lhe fornecem secretamente o estofo, através do qual permaneceram impregnadas na nossa cultura as metáforas do lirismo trovadoresco medieval. Embora, como já dissemos, essa metafísica do coração repousasse primitivamente sobre a idéia de que é possível ao homem unir-se fraternal e misticamente à mulher, através de um cerimonial simbólico, visando obter a proteção sobrenatural da Amiga. No *Parsifal* de Wolfram D'Eschebach, aconselha um nobre ao cavaleiro Parsifal: "Amigo, quando chegar para ti o tempo de combater, que seja o pensamento de uma dama (e não o de Deus) que te proteja! Que seja ela quem conduzirá tua mão. Escolha uma dama de quem conheces a pureza, e a delicada beleza".

Vemos, através desse exemplo, que a escolha da mulher no amor cortês é feita em função dos caracteres necessários à eficácia mágica do enlace, e não em decorrência do desejo ou da paixão. Por isso nada impedia que a mulher escolhida fosse, inclusive, casada com outro homem. A barreira do casamento da Dama com outro era mais um símbolo da castidade necessária ao Amor do que empecilho efetivo, porque, para garantir exemplarmente sua eficácia mágica, o desejo deveria ser intensificado e jamais realizado. A "troca de corações" como ritual e crença, como tradição literária depois, nas práticas do amor cortês ou nas metáforas dos trovadores, é, de *quase* todos os pontos de vista, o protótipo do que o Ocidente considerará, ontem como ainda hoje, a paixão. Os votos de fidelidade, a idéia de fusão dos corações e destinos, a exaltação do outro estão ali presentes. Só não está presente a idéia, fundamental no amor-paixão moderno, de que a escolha amorosa racional é injustificada. Vimos como Parsifal, o herói, é aconselhado a escolher, entre as mulheres por ele conhecidas, a que apresentasse as características requeridas para o exercício do poder mágico de proteção e guarda que a ele seriam conferidas pela "troca de corações" — a "pureza" e a "delicada beleza".

Cabem aqui algumas considerações sobre o estatuto social da mulher na Idade Média, dotado de uma patente ambigüidade. Ela era o "portão do diabo" e, ao mesmo tempo, divinizada pela literatura trovadoresca. Divina e diabólica ao mesmo tempo, a mulher nunca poderia ser definida pelo meio-termo, à igual distância da santidade e do demoníaco, porque isso equivaleria, ao conferir-lhe um estatuto simplesmente humano, assinalar-lhe um papel e um lugar na história. Assim, a perfeição idealizada da mulher amada no amor cortês exclui o seu desejo. Que o amante não seja amado em troca é uma exigência do seu papel de sedutora e, ao mesmo tempo, redentora. Não seduzível, ela nunca está à altura do desejo do Amigo. Ou está aquém ou o ultrapassa. Ou não é digna do homem, ou o homem dela não é digno. Em ambos os casos, trata-se de modos de recusar os direitos monopolizados pelos homens. A mulher é uma imbecil tutelarizada, mesmo na exaltação divinizada do amor cortês. São indignas dela todas as tarefas mundanas ou, ao contrário, vive a degradação que a exclui das honras sociais. A exaltação amorosa da mulher não significa promoção social. Encerrada na natureza feminina, a mulher justificava, assim, sua exclusão social.

7
O AMOR FELIZ NÃO TEM HISTÓRIA

Segundo Rougemont (*História do amor no Ocidente*), a cultura ocidental é fascinada pelas histórias de amor e morte cujo arquétipo, bem anterior ao *Romeu e Julieta* de Shakespeare, é o romance de Tristão e Isolda, uma lenda muito antiga. Assim a literatura ocidental teria celebrado ao longo de toda a sua história, ao contrário do prazer ou da paz de amar, sobretudo o sofrimento de amar. Em *Tristão e Isolda*, ópera de Richard Wagner, ouve-se o lamento do primeiro:

> Tristão: *Ela me interrogou um dia e eis que ainda me fala. Com que destino nasci? Com que destino? A antiga melodia me repete:* — *Para desejar e para morrer.*

Uma outra passagem mostra como o amor, definindo-se pelo sofrimento da paixão, isto é, pelo desejo de sentir e de gozar da própria paixão, e não da sua realização, quer o impossível. No texto, o dilema da paixão aparece como oposição entre o dia e a noite, a luz e a escuridão, a razão e a própria paixão desvairada e, por fim, a vida e a morte.

> Isolda: *Que a noite seja eterna para nós.*
> Os dois: *Oh! Noite eterna/ Doce noite!.../ Sublime/ Noite de amor!.../ Aquele que você envolveu/ Aquele a quem você sorriu,/ Poderia ele sem/ angústias/ Ser-te arrancado pelo despertar?.../ Expulsa agora a angústia/ Doce morte,/ Morte de amor,/ Desejada com tal aspiração.*

Assim, *paixão* significa, exatamente, *o sofrimento de amor*, ou seja, o amor não realizado. "O amor feliz não tem história." Esse mito do amor recíproco, intenso, fiel, mas não consumado como união carnal, age ainda, com uma intensidade ora explícita, ora velada, mas sempre presente, nos sonhos de amor ocidentais. Amar é, acima de tudo, experimentar a impossibilidade de uma união total, de um apagamento da alteridade e, mesmo sabendo dessa impossibilidade, amar o sofrimento da própria paixão não realizada. O amor-paixão é, essencialmente, desejo da falta do objeto, mais do que da sua posse, o que aniquilaria o fogo da paixão.

A necessidade da mitologia do amor reside no fato de através dela se expressar o pensamento, inconfessável, de que a paixão está intimamente ligada à morte, levando à destruição todos aqueles que inadvertidamente a seguem. De um lado, essa infelicidade é desejada e celebrada como uma das mais belas atitudes dos homens, de outro, é condenada pela razão e pela moral oficial. Daí a contradição entre uma vontade de paixão, que quer o gozo no sofrimento de um sentimento avassalador e, de certa maneira, proibido, e a moralidade que condena, como um mal a ser evitado, essa perda de si mesmo e esse esquecimento do mundo e das coisas da vida, característica dos apaixonados.

Ora, uma das funções essenciais dos mitos — e em certa medida também da arte — consiste em permitir ao pensamento humano assimilar certos princípios contraditórios da existência no interior de uma narrativa temporal. Ao contrário, a razão representa a realidade através de teorias, e não de acontecimentos relatados. No mito grego de Édipo, por exemplo, a história dos reveses do herói infeliz é construída a partir da estrutura profunda das contradições lógicas fundamentais trazidas pela representação da condição humana. De fato, o mito de Édipo surge em uma sociedade que acredita na origem autóctone, isto é, terrena do homem. A própria palavra *homem* vem de "húmus" e significa terra. Mas nascemos do casamento de um homem com uma mulher, da união de dois seres separados. Nesse caso, o que estaria correto? A vida social em que impera o princípio da dualidade, ou a mitologia cosmológica, na qual vigora o princípio contrário, da unidade primordial?

O pensamento mítico de que o mesmo nasce do mesmo, de que o um vem de um; a vida, no entanto, mostra que o mesmo vem de dois e que o um é gerado a partir de dois. O mito de Édipo, segundo Lévi-Strauss (*Antropologia estrutural*), tenta resolver essa contradição mostrando que a cosmologia, assim como a vida social, traz a mesma estrutura contraditória. Com isso o mito atenua o escândalo lógico da existência, que não logra, entretanto, resolver.

O filósofo alemão Nietzsche escreveu que a verdade da existência humana, com freqüência contraditória e trágica, devia sempre ser concebida "envolta em um véu de beleza", véu que desvela ao mesmo tempo que esconde. Assim como o mito, a arte nos permitiria contemplar, sem realmente sofrer, a perigosa, e quase sempre triste, paixão dos amantes.

Por essa via o drama de Tristão e Isolda, enquanto modelo da mitologia em ação em toda paixão verdadeira, reside justamente no caráter contraditório da paixão, esse "não contentar-se de contente" de que nos fala Dante. De fato, o mito e a arte transfiguram as contradições da existência humana de modo a podermos desfrutá-las na imaginação, mas sem termos a consciência clara de um conceito ou conhecimento objetivos. Isso poderia levar à recusa ou desvalorização da paixão e precisamos acreditar nela, quase como uma religião do amor, se queremos vivê-la. O mito, no nosso caso, é a defesa de um desejo insensato contra a autoridade da moral oficial e da razão. É a confissão da paixão dissimulada, a adesão, nunca de todo racionalmente explicável, a uma motivação misteriosa para nos relacionarmos com o outro amado.

Assim, o amor não possui apenas uma origem mitológica, historicamente falando. Ele é um mito atuante ainda hoje entre nós, fazendo a sua parte a partir do "fundo antropológico mágico" sobre o qual se apóia a nossa cultura, por mais exasperadamente racional que ela seja, e que não podemos erradicar, como o prova, entre outras coisas, o prestígio das práticas mágicas, da astrologia, das feitiçarias, dos talismãs ou dos amuletos na era da informática. Sendo a paixão resultante da nostalgia de uma unidade perdida e impossível de ser revivida, os obstáculos míticos assumem a função de mascarar essa impossibilidade, fazendo dela metáforas poéticas. É assim que Tristão e Isolda, em uma belíssima cena, mesmo tendo a oportunidade de consumar a sua paixão — estão sós deitados sobre a relva em um bosque —, não o fazem, Tristão interpondo entre si mesmo e a amada sua espada fincada no chão. Assim fazendo interdita, sem nenhuma razão, propriamente falando, a realização de uma paixão da qual ambos os enamorados padecem, com um sofrimento exaltadíssimo. Então, como entender que Tristão imponha a si próprio a não realização de tudo o que ele mais quer na vida? Por que ele deseja e se contenta em sofrer a infelicidade de um amor recíproco não realizado? Ao contrário, a interdição da realização da conjunção carnal não seria uma forma de proteger a paixão do insucesso a que ela estaria necessariamente condenada na medida em que nenhuma fusão com o outro é possível? Melhor então viver o estado de sofrimento que oculta a aterradora verdade do que uma alegria reveladora, ao final, do para sempre impossível caminho da união dos corações.

Por essa via, unificando em uma mesma instituição o amor, o sexo, a procriação e a família, o casamento moderno traiu as raízes tradicionais do amor na história ocidental. Esta traição explica, em parte, seu malogro em consolidar-se, em adaptar à sua estrutura o desejo profundo de homens e mulheres. O casamento mata a paixão, fonte do amor. Assim vemos que o amor, na sociedade burguesa, está envolto por uma aura de romantismo, à maneira de um mito: proclama a paixão como experiência suprema que todo homem deve um dia conhecer, se quiser viver a existência em sua plenitude. A paixão é aventura. Transforma a vida, enriquece a existência de novidades, de riscos e de prazeres intensificados. É exaltada no cinema, celebrada nas novelas de televisão, enaltecida na literatura, nos romances cultos ou "cor-de-rosa", na poesia e na música, seja ela coroada, ao final, pelo casamento, pelo enlace matrimonial que fará dos apaixonados esposos e, em seguida, pai e mãe, ou não.

Mas casamento e amor-paixão parecem incompatíveis. Paradoxalmente, a paixão corrói a idéia de casamento justamente em uma época que afirma a dependência do casamento de uma ética da paixão da qual ele seria a realização mais perfeita:

> À diferença dos antepassados [*o amor trovadoresco medieval*], exalto o *happy end*, sei-o contudo possível só no cinema. Se me caso por amor, logo me descaso — o amor se desgastou no cotidiano. Na certeza do outro eu sobro, o casamento é o contrário de sangrar e de existir. A paz implícita é só mornidão e eu, que procurava uma baía serena, quero sair deste espaço sem risco, quero os desmandos da paixão. (Milan, *E o que é o amor?*)

Como instituição, o casamento implica duas atitudes dos noivos. Primeiramente, o reconhecimento da existência de uma finalidade para o amor: a construção de um lar e de uma família. Em segundo lugar implica, sobretudo, o reconhecimento da autoridade da Igreja e do Estado, a chancela dos dois poderes, espiritual e secular, sobre a relação. Nesse sentido, posto sob a ótica da paixão, o problema do casamento é menos o de propor uma situação que a realizaria sem obstáculos, ou de dissolvê-la na paz monótona do cotidiano, do que lhe propor uma finalidade definida. O casamento retira da paixão sua necessária gratuidade, seu caráter absoluto, tornando-a meio de unir homem e mulher através dos corações, antes que a Igreja e o Estado venham ratificar o enlace transformando-o em matrimônio. Único contrato social, digamos de passagem, ao mesmo tempo legal e sagrado existente ainda hoje. Para casar é preciso, pois, que ambos, marido e mulher, tenham consentido livremente na união e que se amem, de preferência apaixonadamente... Por toda a vida, eternamente.

Mas, do ponto de vista religioso o casamento é, explicitamente, uma instituição destinada a resistir ao amor-paixão. Como instituição cristã, ele é um amálgama de teses contrárias sobre a santidade da procriação, imposta pela lei da perpetuação da espécie humana e, ao mesmo tempo, sobre a santidade da virgindade, lei prescrita pelo espírito. A esse propósito a Epístola de São Paulo aos Coríntios é exemplar: "Creio que é bom para o homem não ter contato com a mulher. Entretanto, para evitar a fornicação, tenha cada homem a sua mulher e cada mulher o seu marido... pois é melhor casar-se do que arder em concupiscência" (I Cor. 7, 1-32).

Partindo da concepção grega de Eros, dividido entre o humano e o divino, Napheys, psicólogo vienense citado por Peter Gay (*A paixão terna*), afirmava, em 1860: "Assim como temos uma alma imortal e um corpo de argila, o amor tem uma natureza fisiológica e uma natureza moral". E, continua: "O amor abarca o sentimento que faz os adultos desejarem casar e ter filhos; mas a natureza tão benéfica para os que obedecem a seus preceitos [...] acrescentou a esse sentimento do amor um prazer físico em sua gratificação". O verdadeiro amor deve, por isso, combinar o "prazer erótico" com o afeto, mas este é reduzido à forma minimizada de uma "amizade exaltada", enquanto o primeiro é contido dentro dos limites do prazer estritamente necessário ao exercício da função copulativa da procriação.

Contra o caráter sagrado dos laços do matrimônio, afirmava Nietzsche que o casamento "é a permissão que a sociedade concede a duas pessoas para obterem gratificação sexual, observando naturalmente certas condições, especialmente as que levam em conta o interesse da sociedade", no caso, a procriação. Se dermos razão a Nietzsche, nada há, então, de mais casto do que o casamento burguês. Não porque não haja, evidentemente, sexo. Na idéia cristã de casamento o corpo erotizado, órgão sobretudo de prazer, é reduzido exclusivamente às exigências das performances reprodutivas. A burguesia desenvolverá a partir do século XIX, através da sua idéia de casamento, um tal espírito de performance sexual que tornará impossível toda experiência voluptuosa da sexualidade e da paixão exaltada. *O casamento burguês é o enlace da paixão amortecida pela amizade, com a sexua-*

lidade padronizada do coito procriativo. "Muitas breves loucuras — é o que vocês chamam de amor", afirma ainda Nietzsche. "E a estas breves loucuras o casamento põe fim — por uma longa tolice."

Assim, o casamento comete um erro fundamental: pretende basear-se no amor passional, que desde as suas origens o nega, sem poder desvencilhar-se do seu mito fundador. A paixão é a auréola mitológica de que o casamento se reveste a fim de assumir a forma da realização da destinação maior da existência, em sua dimensão profana. Porém, como vimos, a paixão não quer se realizar. Ela depende dos obstáculos que se interpõem entre o desejo e sua realização possível, para enaltecer sua própria força, para crescer em si mesma como paixão de desejos cada vez mais ardentes.

Entretanto, na sociedade burguesa moderna, tudo o que no desejo erótico tendia a conduzi-lo para além do sexo reprodutivo, tudo o que o ancorava no universo da paixão, foi mais censurado do que incentivado. Em seu livro intitulado *O burguês*, Sombart, sociólogo alemão do final do século XIX, pergunta se o espírito da burguesia e o do capitalismo combinariam, sem grandes contradições, com o que ele denomina a "natureza erótica" do amor humano. Segundo essa perspectiva, existe um único valor perene: o próprio amor. Tudo o mais na vida são futilidades descartáveis. E cita um poema intitulado "*Pater saraficus*" para ilustrar sua tese, abaixo livremente traduzido por nós:

> *Eterno fogo de glória,*
> *Ardente laço de amor,*
> *Fervente dor do peito,*
> *Furioso prazer divino.*
> *Atravessai-me, flechas,*
> *Fulminai-me, raios,*
> *Que o fútil*
> *Todo se esfume,*
> *Que resplandeça o fulgor perene*
> *Da chama de amor.*

Da leitura emblemática desse poema, conclui o autor que as formas de caráter eroticamente predispostas são refratárias à ordem da vida burguesa, porque nunca reconhecerão outros valores distintos ou superiores ao amor. A alternativa burguesa é: "Ou se vive para administrar ou se vive para amar". E cita escritores antigos, tais como Jenofonte e Columela, para os quais "os enamorados não servem para administrar e acumular riquezas", e quem se mete nos assuntos do amor "não sabe pensar em outra coisa", só almejando como prêmio, ao contrário do lucro e da riqueza, "a satisfação das suas ânsias de amor".

Se para alguns autores, como o já citado Rougemont, a incompatibilidade entre paixão e casamento reflete-se no fato de a primeira exigir a presença de obstáculos que, ao mesmo tempo, impedem a realização do desejo e o conduzem à exasperação, de onde vem o gozo apaixonado do sofrimento dos amantes; para outros, a exemplo de René Nelli, também já citado, ao contrário, a razão da incompatibilidade está no fato de o amor moderno substituir a crença na "troca de corações", efetuada através de um pacto ritualizado, por outra crença: a fusão dos destinos. Na paixão a escolha é o cruzamento que lança um homem na direção de uma mulher, escolhida justamente em virtude da identidade, por ele pressentida, entre seu destino individual e o dela (o célebre "fomos feitos um para o outro"). É essa vontade de intercambiar duas fatalidades, fazendo-as coincidir, obstinadamente, contra toda a razão e todos os obstáculos interpostos. O amor, e conseqüentemente, o casamento, é a realização dessa destinação que o objeto do amor supostamente revela e compartilha. Mas essa aspiração à união total, esse desejo de "com-fusão" de duas vidas, é absurdo. Por essa via o desejo apaixonado não pode atingir seu fim senão na imaginação, o que justificaria o caráter mitológico assumido ainda hoje pela representação do amor-paixão em toda parte. A impossibilidade de realizar a paixão, o culto do amor recíproco infeliz, é vivida então, na dimensão simbólica do discurso, como um mito do qual não podemos nos descartar.

Condenada por ser absurda e mitológica, por contrariar a lógica comercial dos negócios e da produção capitalista, por ajustar-se mal à instituição que deveria realizá-la, a paixão parece, por toda parte, em nosso mundo, deslocada. Infeliz Eros, filho da penúria e da riqueza, ao mesmo tempo divino e humano, capaz dos maiores investimentos castos, idealistas e idealizadores, e furiosamente assanhado em sua ânsia de prazeres imensos, desmedidos, transgressores. Qual é a sua natureza?

8

UM BANQUETE

No seu texto mais famoso, *O banquete*, dedicado ao problema da natureza do amor, Platão parte justamente da idéia do desejo como busca da fusão com o outro. Segundo o discurso de Aristófanes, um dos convivas do nosso banquete filosófico, nossos ancestrais eram seres duplos que, no entanto, formavam uma perfeita unidade: "Cada homem constituía um todo, de forma esférica, com costas e flancos arredondados; tinha quatro mãos e quatro pernas, dois rostos idênticos em um pescoço perfeitamente redondo, mas uma cabeça única para o conjunto desses dois rostos opostos um ao outro; tinha [...] dois órgãos de geração e todo o resto em conformidade". Assim, havia três, e não apenas dois gêneros, conforme a combinação dos sexos em cada criatura. Em algumas havia dois sexos femininos, em outras, dois sexos masculinos, e em outras ainda, os andróginos, que possuíam ambos os sexos ao mesmo tempo. A primeira característica de caráter desses estranhos seres era a arrogância. Diz o mito que eles tentaram subir aos céus e afrontar os deuses. Como punição Zeus mandou cortar-lhes o corpo ao meio, separando-o em duas metades sexuadas. A partir daí, rompe-se a unidade plena na qual viviam, nascendo o desejo de reencontrar a metade separada, para refundir-se nela. "Desde épocas recuadas o amor impele os seres humanos um para o outro e tende a restabelecer a natureza ao tentar unir em um só dois seres distintos" (Platão, *O banquete*, 19 c, d). Notemos que essa condição "dual" se constitui a partir da perspectiva de uma unidade primitiva fracionada em duas partes, porque, do ponto de vista da espécie, a humanidade se estende pela multiplicidade dos indivíduos que a compõem. A dualidade aponta assim para o fracionamento da existência no cerne mesmo da individualidade, em oposição à multiplicação das individualidades na espécie. Assim, cada indivíduo resultante da separação originária será heterossexual ou homossexual, conforme a composição original do todo do qual fazia parte, composta por um só tipo de sexo, ou dois, o que em nada altera, entretanto, no essencial, o amor que buscam.

> Quando um homem, tenha ele inclinação pelas moças ou pelos rapazes, encontra aquele que é a sua metade, são um prodígio os transportes de ternura, de confiança e de amor que dele tomam conta; gostariam de não mais se separar, nem por um só instante. Membros colados, eles gozam dessa flor da juventude, e já seu corpo adivinha a

volúpia próxima [...] eles apertam avidamente o corpo de sua amante, misturam sua saliva à dela, respiram seu hálito, dentes colados contra a sua boca: vãos esforços, já que nada podem roubar do corpo que abraçam, tampouco penetrá-lo e nele se fundirem inteiros. Porque é isso, por momentos, o que parecem querer fazer.

O amor repousa, portanto, sobre o desejo "de fazer um só de dois", de tal modo que, muito além da busca de prazer sexual, o amante deseja, na verdade "unir-se e confundir-se com o amado", "curando" essa ferida angustiante situada no centro da existência, resultado do corte infligido aos andróides pelos deuses. Assim, a realização do desejo de fusão, presente no fundo de todo amor, será a base da felicidade humana, ainda que esse desejo se manifeste impossível. Mas, se o retorno à completude ontológica do UM é vetado ao Eros humano, a união sexual torna exeqüível, pelo menos, "conseguir um bemamado de natureza conforme ao gosto de cada indivíduo". Portanto, o amor resulta originariamente do desejo impossível da fusão que reconstituiria a antiga unidade e completude dos andróginos. O amor é a via escapatória seguida pelos homens a fim de realizar o desejo, no âmbito da condição finita própria de seres carentes e mortais, tornando-os, na medida do possível, felizes.

Mas, primitivamente orientado para o ser divino, o amor guarda ainda as marcas da sua origem, aparecendo como protótipo do amor-paixão, fusional, com o qual sonhamos. Estão presentes aí todos os elementos do nosso sonho do Grande Amor, a saber, seu caráter definitivo, exclusivo e absoluto. De fato, o amor fusional é definitivo, pois, uma vez encontrada a "cara-metade", nada mais resta a fazer, e se está feliz por toda a vida ("e viveram felizes para sempre"); exclusivo, porque é apenas a metade que pode satisfazer o desejo ("nascemos um para o outro"), e, finalmente, absoluto, porque restitui a unidade perdida extinguindo o caráter deficitário da existência ("sem você eu não sou ninguém").

Por essa via o amor sexual substitui o antigo desejo de imortalidade dos andróginos, isto é, a aspiração à condição divina, junto com o impossível desejo de fusão, característico dos amantes apaixonados, pela busca de semelhança e identificação com o outro. A mitologia do caráter absoluto da relação amorosa, que autoriza suas transgressões, nada mais seria do que um eco persistente desse estado originário de completude fusional que teria conduzido os homens a afrontarem os deuses (como no *Parsifal* de Wagner), a negação da distância ontológica, entre o meu corpo e o corpo do outro, e a persistência da vanglória em seres decaídos. As transgressões amorosas assumem o lugar, e revivem, à sua maneira, as atitudes de rivalidade dos homens, antes da sexualização, diante dos deuses. Os amantes afrontam as leis, a vontade dos homens, a lógica mercantil da utilidade, a moral vigente, na impossibilidade de afrontarem os deuses.

Mas a realização máxima da complementação amorosa encontra-se, primeiramente, na procriação: garantia da perenidade da espécie contra a transitoriedade da existência efêmera de cada um dos progenitores. Porém, a imortalidade conferida à espécie, através da vida repassada ao filho, reproduz, ao mesmo tempo, outra individualidade marcada pela mesma finitude dos pais. Através da atividade sexual, a procriação concede à espécie a imortalidade que não pode ser concedida a cada indivíduo que, em caso contrário, seriam deuses. *Mas a morte do filho mata o desejo de perpetuidade dos pais.* A imortalidade de Eros é, por sua vez, mortal, uma vez que a continuidade da espécie nada mais é do que a de todas essas existências separadas seguindo cada uma, e, em vão, o ser, ao contrário da continuidade de uma existência capaz de sustentar o fluxo da vida para além da individualidade finita e seu destino mortal. A espécie só pode ser mantida no ser se, junto com a procriação de outro indivíduo, a morte lhe é transmitida, como um destino, sendo esta, afinal, a tarefa última do amor.

Portanto, o amor é, originariamente, desejo em cujo fundo ecoa a nostalgia de uma completude para sempre perdida. O sexo, a procriação, a família constituem, em conjunto, a via aberta pela recanalização desse impulso, originário e angustiante, para uma fusão impossível de ser vivida. De um lado, impossibilidade angustiante a pairar sobre os homens como ameaça à eterna felicidade incansavelmente buscada; de outro, a imersão na vida sexual e suas satisfações sensuais, prazeres banais e prosaicos, que de forma nenhuma são capazes de satisfazer o impulso erótico presente no cerne da vida intelectual, isto é, no caso de *O banquete*, da filosofia. O amor é, nesse sentido, a tentativa de divinização do desejo orientado para a posse do ser eterno, através da contemplação filosófica das idéias imutáveis, do Bem, da Beleza, da Justiça.

O amor é, sobretudo, desejo de fecundação, de criação e geração na eternidade. Ele pretende identificar-se ao próprio princípio de geração de todas as coisas boas, isto é, desejáveis, e, entre todas, as mais perfeitas. Ora, a perfeição do ser implica, além da beleza, a perenidade, a duração eterna, oposta à precariedade das coisas terrenas submetidas aos processos de geração e corrupção, incluindo-se aí a mortalidade dos próprios filhos gerados. Por isso, compreendido em sua pureza, o amor é, acima de tudo, desejo de eternidade, de perdurar na satisfação e na perfeição da vida. Criação, o Eros não reside no desejo de possuir qualquer coisa já existente. Ele é desejo de participar da origem das coisas, é impulso criativo, paixão geradora, força inventiva. O amor é o que faz tudo parir; ao pensamento, idéias, verdades; aos pais, gerar os filhos; à idéia de beleza, gerar no que a contempla o desejo de conhecê-la, assim como ela própria gera tudo o que há de belo no mundo, por imitação. Mas, como toda criação, o amor estará sempre sujeito aos riscos de malogro que a invenção comporta...

Assim, longe de ser a busca de se unir à outra metade de si mesmo, recompondo a esfericidade fechada que fundava a presunção dos andróginos, Eros está aberto à alteridade. Sua condição, ao mesmo tempo humana e divina, filho de Poros (deus da riqueza) e de Pênia (deusa da miséria), faz com que esteja orientado sempre, simultaneamente, para o humano e o divino, para o mortal e a eternidade. Assim, se deseja as coisas mortais, trai sua natureza divina; se deseja as coisas divinas, ultrapassa os limites traçados pela sua condição mortal. De todo modo, Eros nos abre para uma dimensão de ser com a qual nunca podemos coincidir inteiramente, que permanece sempre em sua alteridade e exterioridade em relação à própria vida. Ele se destaca da torrente criadora da vida que o originou retirando dela seu impulso, inegavelmente, mas nele se apoiando como força de elevação para além de si mesmo. E "essa contradição, essa negação, sem agressividade decerto, da vida, que é negação de si, faz a doce música trágica soar diante da porta do amor" (Simmel, *Filosofia do amor*).

Nascido da partição da vida em duas vidas, isto é, da separação das vidas encerradas em uma corporalidade única, em dois corpos cuja dualidade é significada pela diferença sexual, o amor mostra que a vida é uma vontade de transcender a si mesma, de ir além. As metades andróginas não se contentam em gerar, em perpetuar a espécie mortal, o drama vital da sobrevivência e da morte. Lançam-se nas trágicas aventuras do conhecimento, da busca das verdades eternas, da beleza perfeita. Têm ânsia de infinitos mundos porque sabem que, para onde nasceram, jamais poderão retornar. E esse impulso para a frente o é também para o alto, para a verticalidade, e nisso está, como viu Platão, a verdadeira volúpia e sabedoria do amor.

9

O MISTÉRIO DO AMOR

Como foi possível que todo o lirismo apaixonado, que cerca a história do amor no Ocidente, todas as interdições lançadas contra o amor físico, a fim de fazer resplandecer com maior intensidade a tenacidade do desejo, impossível, de fusão com o outro, tenha sido reduzido ao sexo? Como o amor do amor, o gozo da paixão pela paixão se transformaram na busca de técnicas de aprimoramento do prazer orgástico? Como a excitação poética do desejo, a expansão da alma sobre os abismos visionários da paixão, a ânsia de infinito do amor romântico transformaram-se no culto do Viagra e do *sex shop*?

O amor cortês implicava a castidade, como vimos, a interdição do prazer sexual. O ideal de amor romântico era o de um sentimento exaltado no qual as dimensões espirituais e sensuais, a exaltação emocional e o prazer corporal confundiam-se e, ao mesmo tempo, limitavam-se mutuamente, como no gozo dos místicos. Tal "com-fusão" conduzia a um incessante fluxo subjetivo de sentimentos conflitantes, contraditórios e confusos, que ainda no século XVI Camões cantava:

> *Amor é fogo que arde sem se ver;*
> *É ferida que dói e não se sente;*
> *É um contentamento descontente;*
> *É dor que desatina sem doer*
> *É um não querer mais que bem querer*
> *É solitário andar por entre a gente;*
> *É nunca contentar-se de contente;*
> *É cuidar que se ganha em se perder;*
> [...]

O amor romântico, em vez de satisfazer seu desejo no ato sexual, e no desfrute da presença da pessoa amada, teme que, com isto, diminua a volúpia do próprio amor. O objetivo do amor romântico, portanto, é intensificar ao máximo o sentimento de impossibilidade da sua realização, porque disso é feito seu gozo. "Nada sabe verdadeiramente dele aquele que deseja a inteira posse de uma dama. Já não é amor isso que tende para a realidade" (Fauriel, *Histoire de la poesie provençale*, citado por Rougemont). Ora, quem diz "realidade" diz realização, produção, técnicas. Assim, seja através da imposição do orgasmo satisfatório, como fim e modelo exclusivo de gozo no ato sexual, junto com as técnicas para alcançá-lo, seja através da idéia de consolidação da vida conjugal no casamento, também ele satisfatório, vemos a preocupação de realizar o amor e o desejo, dissipando o que poderia haver de misterioso no âmbito da paixão. Mas a paz da vida familiar consolidada e a certeza do prazer intensificado contam pouco diante da sanha invencível de Eros: poder de inquietação eterna.

Mas a nossa sociedade de consumo não expulsa do seu interior, evidentemente, as experiências da paixão. "Homens e mulheres continuam a aspirar tanto como antes à intensidade emocional de relações privilegiadas, mas, quanto mais forte é a expectativa, mais raro parece tornar-se o milagre fusional, ou, em todo caso, mais breve" (Lipovetsky, *A era do vazio*). Hoje, quando se enfraqueceram as barreiras étnicas, religiosas e familiares ao acasalamento, a transgressão amorosa se atém à transcendência do desejo em relação aos interesses cotidianos, aos vínculos do bem-estar, às normas de trabalho. Não é casual que o filósofo Marcuse e o psicanalista Reich vissem, ambos, um potencial de revolta e subversão no amor, uma barreira a impedir, no coração dos homens, a submissão às pequenas e às grandes tiranias, vinda do poder político ou do dinheiro. "A sublimação", isto é, a capacidade de a energia sexual (por Freud denominada "libido") reprimida desviar-se do seu objeto, seguindo novas e inventivas vias, "defende a consciência da renúncia que a sociedade repressiva impõe ao indivíduo, e, por conseguinte, mantém a necessidade de liberação" (Marcuse). "Amar significa ser capaz de não se deixar atrofiar pela pressão onipresente da mediação econômica" (Adorno); assumindo obstinadamente a fidelidade, por exemplo, por si mesma tão contrária às seduções do mercado de consumo. Porque, na medida em que é um mandamento social, ser fiel implicaria certa renúncia à liberdade. Mas sua adoção livremente consentida contraria a lógica do mercado e do consumo, da moda, das fantasmagorias dos objetos, da tentação de tratar os outros como mercadorias substituíveis. Ela é, paradoxalmente, ato de suprema liberdade, afirmação da duração do sentimento contra a volubilidade do desejo, da singularidade do outro contra a lei mercantil da substitutibilidade e da perecibilidade.

Foi na medida em que o exclusivismo da fidelidade conjugal foi reconhecido pelos modernos sexólogos (Kinsey, Masters and Johnson, Havelock Ellis e outros) como uma barreira ao perfeito rendimento das relações sexuais do casal (em alguns casos onde foram constatadas deficiências sexuais no relacionamento) que as ligações extraconjugais fortuitas passaram a ser toleradas. "Algumas mulheres que têm dificuldade de atingir o orgasmo com o marido acham que a novidade da experiência com outro homem é que as leva [...] a chegar ao clímax, conseguindo mais facilmente adaptarem-se [sic] aos maridos" (Kinsey, *Sexual behavior in the human male*).

Portanto, a fidelidade não resulta mais de uma escolha feita em decorrência do valor absoluto concedido ao outro, sacramentado ou não pelo matrimônio. O casamento é inevitavelmente uma instituição erótica, e as incompatibilidades sexuais podem levar ao seu fracasso. Paradoxalmente, portanto, as relações extraconjugais tornam-se aceitáveis na medida em que contribuem para a manutenção do casamento. A infidelidade se transforma em um dever imposto pela conquista da felicidade erótica quando o casamento já não aponta para o horizonte de mais nenhum ideal de amor. Dever de tudo fazer para estimular a performance sexual e satisfazer o parceiro, salvando o casamento. Tornar a sexualidade exeqüível no interior de um contrato, higienizando-a, portanto, é o objetivo da sexologia contemporânea. Ela deseja superar as incompatibilidades entre o sistema matrimonial e as pulsões, deserotizando o sexo, retirando-lhe a carga angustiante de um desejo impossível de fusão, de comunhão carnal com o outro, da sua condição de veículo, mal adaptado, da ânsia de infinito e eternidade. Mas a instituição é preservada à custa da promoção do imenso vazio emocional que inunda a paz cotidiana.

Quer queiram os modernos sexólogos ou não, os homens que amam são visionários de outros mundos, reinventores da felicidade perdida na monotonia dos dias de trabalho. São guardiães da idealidade, preservadores da utopia, porque o amor é transcendência de tudo aquilo que se supõe realizá-lo. O desejo quer sempre outra coisa, o gozo sempre "ainda mais", o amor quer dar o que não tem, recebendo em troca a mesma falta. Por todo lado utopia, pulsão libidinosa sem lugar, sem objeto, sem descanso. Por isso os verdadeiros amantes só se colocam problemas que não podem resolver. Por isso também puderam os poetas projetar na morte a realização mais plena do amor e do gozo erótico:

> Só ouvimos murmúrios de preces de inefáveis desejos, [...] estampados em eternas visões bem-aventuradas, com o eterno sabor de lábios e beijos. Tudo que tocamos se transmuta em frutos aromáticos, em seios macios e formosos, seara propiciatória aos nossos desejos. Nesta paixão voluptuosa, exultamos por se ter extinguido a fulgente centelha da vida terrena. (Novalis, citado e traduzido por Brandes, *Main currents in nineteenth century literature*)

Na verdade, o amor e a sexualidade sempre foram objetos do exercício de algum tipo de poder, de alguma forma de repressão na história humana. A libido infantil tem de ser educada e canalizada preferencialmente para os órgãos sexuais, as relações incestuosas são universalmente proibidas por lei, o Código Cível regulamenta as relações matrimoniais, e certas condutas sexuais públicas são interditadas. Mas o conceito de poder através do qual se pensava a necessária e civilizatória "repressão sexual" era o de uma instância simplesmente repressiva, atuando pela violência da interdição. Desse ponto de vista, o poder agiria por violência ou ideologia, ora reprimindo, ora enganando ou iludindo; ora como polícia, ora como mídia: proibindo o sexo ou exaltando-o como espetáculo midiático e ocasião de consumo de mercadorias erotizadas. De acordo com esse jeito de pensar a forma essencial do poder seria aquela da lei. Da lei que determina o que é lícito ou ilícito fazer. Quanto à verdade, o poder a distorceria ou silenciaria a seu respeito quando fosse o caso de ela não lhe ser conveniente. Mas não é esse o caso da sexualidade. A modernidade não cessa de fazer falar o sexo, de produzir discursos sobre ele, e de suscitar que as pessoas falem exacerbadamente dele em revistas especializadas, no cinema, nos consultórios de psicologia. Também o mercado capitalista, ao contrário de reprimir, suscita e incentiva todas as formas de sexo, quando não cria novas, arregimentando-as todas para o consumo e a produção de mercadorias.

A forma de o poder moderno se acercar do seu objeto consiste em estabelecer a proeminência do discurso "científico" sobre o sexo, em detrimento das antigas maneiras de tratá-lo do ponto de vista religioso, moral, ou mesmo no interior de uma Erótica. Portanto, o poder domina a sexualidade na exata medida em que cria os mecanismos teóricos suscetíveis de exibi-la em sua verdade objetiva (psicanálise, psiquiatria, sexologia, medicina em geral etc.). Sabemos quanto as revistas, de preferência as dedicadas ao público feminino, dão importância à sexualidade das suas leitoras. Uma boa dona-de-casa não deve descuidar-se da sua sexualidade, assim como de outros serviços do lar. Assim, quase todas as publicações dessa área possuem um(a) ou outro(a) colunista, normalmente psiquiatra ou psicólogo(a), encarregado(a) de atender às dúvidas das leitoras sobre o sexo. Uma delas, por exemplo, escreve perguntando se devia ou não ceder a determinado desejo do seu marido. A(o) colunista em questão responde que esse tipo de relação não constitui pecado, nem é antinatural ou patológica. Aparentemente, não está em jogo aí nenhuma relação de poder. Porém, a resposta da psicóloga vai deixar a leitora completamente desarmada diante do desejo do outro. Se uma determinada forma de coito não é pecado, contra a lei, imoral ou patológica, se é, enfim, "normal", nenhuma razão há mais para legitimar qualquer recusa. É provável que a nossa leitora aflita vá se sentir, ao contrário, culpada por não desejar transar como quer o seu marido. Outrora o desejo era censurado como pecado. Hoje é requisitado como performance. Porque o refinado discurso da ciência não interdita, não conta uma mentira, não proíbe nem ilude: ele ensina. Retirando ao desejo todas as referências da tradição, da religião, da moralidade, enfim, dos costumes, a ciência mostra que precisamos aprender a amar, a gozar, a desejar, desde que adequadamente. Uma vez destranscendentalizado, uma vez retiradas todas as referências do desejo a um ideal que o transcende (ético, religioso, tradicional, romântico), reduzido à imanência egoísta do indivíduo que se projeta na intensificação de todas as suas potencialidades, o desejo se transforma em preza fácil das forças acumuladas do comércio, da indústria, da ciência. Obter e propiciar o orgasmo é uma dentre as múltiplas funções da moderna dona-de-casa, uma das muitas eficiências requeridas da mulher, pela sociedade, no casamento. E, para melhor adaptar-se às suas funções, é preciso que ela fique dentro da nova "normalidade".

Tudo se passa como se a liberação sexual dos nossos tempos não tivesse apenas libertado o sexo dos obstáculos sociais que o censuravam. Mais do que isso, é como se a simples retirada de todas as interdições religiosas, éticas e legais que pesavam sobre os desejos sexuais tornasse imediatamente obrigatória a sua realização. Em se tratando, pois, da sexualidade e do amor, hoje será o discurso científico ideologicamente neutro, eticamente esvaziado, que dará a última palavra. O poder, sem dúvida, mais do que levantar as barreiras que represavam nossas pulsões sexuais no passado, foi capaz de arregimentá-las todas, desde que fosse possível canalizá-las para o consumo de mercadorias ou produção de mais-valia. Ao contrário de a liberação significar a extensão da sexualidade para além, a sua desvinculação das finalidades reprodutivas e a erotização de outros aspectos da vida cotidiana, ela implicou, efetivamente, na regressão a uma genitalidade compulsiva e consumista, do Viagra, do *sex shop*, do motel.

Entretanto, o amor não deixou de lado seu caráter transgressor. Apenas contra ele e seus ideais erguem-se novos obstáculos, outras conspirações, menos detectáveis e definíveis, a saber, as anônimas e impessoais forças do cotidiano que vêm colonizar o espaço amoroso no que ele reivindica de separação, de autonomia, de exceção contra o consumo de mercadorias, a rotina, burocrática ou não, do trabalho, o formalismo das relações sociais vazias, a ausência de dimensões estéticas e autenticamente prazerosas na vida. A expressão "ninho de amor" refere-se sem dúvida a esse imprescindível recolhimento dos amantes que é, ao mesmo tempo, subtração ao espaço social, às rotinas da vida. Os amantes têm necessidade de se recolher à intimidade do seu amor, de opor ao tempo cronológico e do trabalho, um tempo e um espaço "eróticos". Trata-se de conquistar um espaço onde seja possível se concentrar exclusivamente sobre o prazer do amor, desligando-se de todos os problemas externos, como se fora uma meditação. Para os deuses, para as leis dos homens, para os santos ou para a lógica lucrativa e mercantil do capital o amor é, ainda, essencialmente transgressor. Afinal, os amantes não exigem com freqüência que o amado transgrida a moral vigente por sua causa.

Referindo-se à época moderna em geral, que vê na natureza um "grande livro aberto diante dos nossos olhos, e escrito em linguagem matemática", Pascal falou de um mundo "desencantado", ou seja, sem mais mistérios. Dizer que o mundo perdeu seu mistério é então afirmar que nele não há mais nada em que a razão não possa penetrar, nada de obscuro e desconcertante na vida e no mundo. Ora, o amor é um mistério, porque é paixão, e, como tal, ligado a um não-saber. Ele é, ao mesmo tempo, evidente e inapreensível. Comporta uma certeza indiscutível (eu amo) tanto quanto uma dúvida infinita (sobre o amor do outro). Somos o seu sujeito e a ele estamos assujeitados. A confissão "eu te amo" é menos um pedido de confirmação do amor do que uma estratégia para experimentar na própria alma a angústia do risco da negativa, vivendo, através dela, a certeza de amar. O "eu te amo" é, assim, provocação do tremor da paixão, através do temor da não-reciprocidade. O medo de não ser correspondido demonstra que se ama. Mas o amor do outro permanece para mim sempre um mistério, uma certeza inalcançável que, se fosse possível, me lançaria na indiferença. O que em mim me faz digno de ser tão amado assim, a não ser meu próprio amor? Na mais famosa fórmula de confissão humana, há deste modo nostalgia da interioridade perdida. Quando amo já não sou mais posse absoluta de mim mesmo, já não sou um "eu", propriamente falando. Do mesmo modo, "tu" exprime o desejo de que "o objeto amado corresponda a uma identidade" definível. Amor: é um sentimento emocionado que se transmuta em demanda, e fala de tudo, menos do desejo de onde provém, porque é desejo de amor, inconfesso portanto. "Eu te amo" significa "eu quero ser amado", e tudo o que tenho para justificar isso, isto é, para dar em troca, é meu próprio amor: "Minha vida nada vale se você não me reconhece, através do meu amor por você, como objeto verdadeiro do seu amor".

Aqui se apresenta a nós com clareza a impossibilidade de intuir o amor do outro, isto é, de captá-lo inteiramente em uma atitude, um gesto, ou através das palavras, impossibilidade presente na eterna insatisfação dos amantes. Porque amar é desejar ser desejado pelo outro e, então, querer que o outro deseje que eu o ame; essa estrutura especular somente se resolve no infinito. Por mais que eu seja amado, e tenha, em certa medida, certeza de sê-lo, é ainda a mim mesmo que o amor me remete, aos mistérios do que eu sou na medida em que sou para o outro objeto do seu desejo. Ele me ama porque deseja que eu o ame.

Sem mais mistério, o amor e o desejo sexual se tornam práticas banalizadas, o primeiro reduzido ao projeto matrimonial e familiar e, portanto, a uma empresa bem-sucedida, o segundo a um conjunto de técnicas potencializadoras do prazer orgástico, à performance sexual. Os especialistas, psicólogos, médicos e terapeutas, garantem o sucesso da primeira e as técnicas para assegurar um orgasmo adequado na segunda. O orgasmo surge então como modelo exclusivo do gozo imposto a homens e mulheres. Ele conjuga a obrigação de uma norma universal, contraditoriamente, a uma dádiva inadvertidamente obtida: nada garante que chegaremos a ele. É uma noção terrorista, uma coação, não uma liberação, como parece. Projeta na minha potência de gozo toda a amplitude da própria existência. É o índice da normalidade e da neurose, da saúde e do estresse, da alegria e da depressão, da potência e da impotência. A resposta ao que se deve ou não fazer durante o amor, no lugar da insustentável angústia de perder-se, de não chegar a lugar nenhum, de não obter das carícias, dos abraços, das penetrações e dos beijos nenhum lucro. Em uma palavra, a noção de orgasmo é o contrato social que determina, prescrevendo-lhe uma finalidade claramente definida, e encerra toda a aventura apaixonada que possa haver no sexo. No entanto, sua noção é forjada a partir da experiência masculina do gozo, por apresentar sinais visíveis, sendo então cientificamente observável e mensurável. O gozo viril será, através da noção de orgasmo, imposto como modelo universal a que homens e mulheres deveriam ser capazes de chegar, de preferência ao mesmo tempo.

Trilhando esse caminho em nossa época, as práticas sexuais inibem, quando não substituem, as outras muitas dimensões do amor. Não que elas proíbam ou impeçam. Ao contrário, as tecnologias sensuais não cessam de suscitar a intensificação do desejo. Mas elas subordinam tudo, no amor, ao desfecho orgástico final. As carícias menos diretas, o jogo dos olhares, os rituais de sedução que cercam o amor transformam-se em meios de uma finalidade tirânica: viram preliminares, preâmbulos, preparatórios para o obrigatório clímax e conseqüente desfecho bem-sucedido do orgasmo. É justamente por conduzirem até o orgasmo que as "preliminares" possuem uma significação sensual que, por si mesmas, não possuiriam. Então, no amor "copulador" é permitido percorrer todos os caminhos, contanto que todos conduzam, sempre, a um mesmo lugar. Não é mais permitido perder-se nos labirintos da paixão, nos meandros do desejo, nos precipícios do corpo, no mapa dos infinitos caminhos dos prazeres da carne.

No romantismo a linguagem, e mais precisamente a literatura, permitia ultrapassar a sexualidade, o gozo das palavras substituindo o dos inacessíveis corpos, as figuras de retórica assumindo o posto dos ornamentos e do vestuário. No drama de Edmond Rostand intitulado *Cyrano de Bergerac*, o herói empresta ao amigo as palavras que brotam do seu coração apaixonado para que este conquiste Roxane, mulher por quem o próprio Cyrano estava apaixonado. O amigo, Christian, era um homem belo, mas não sabia se expressar com eloqüência poética, não sabia falar de amor. Cyrano era feio, mas tinha o dom da palavra, a capacidade de produzir belas falas de amor. Assim os dois se associam para conquistar o amor de Roxane e, através do emprego de vários estratagemas, são as palavras de Cyrano que ecoam no discurso de Christian. Roxane se apaixona então por aquele que ela acredita lhe dizer "esses lindos nadas que são tudo". Lendo as cartas de amor assinadas por Christian, mas escritas por Cyrano, exclama:

> *Eu lia, eu relia, eu desmaiava,*
> *Eu era sua. Cada uma destas folhazinhas*
> *Era como uma pétala que voou da sua alma,*
> *A cada palavra destas cartas inflamadas sinto*
> *O amor potente, sincero.*

Hoje, os espaços arranjados para a convivência são cerceadores da fala. Os encontros festivos abolem, através de uma cuidadosa arquitetônica do ruído, atenta à sua intensidade sonora (visando à supressão do silêncio) e exaltação rítmica (visando à excitação), todas as possibilidades de fala e diálogo, toda sedução articulada desde uma subjetividade desejante. Ao contrário, potencializam o olhar. A luz de neon, combinada com a estroboscópica, marca o tempo mínimo do olhar desejante moderno, o espaço temporal ínfimo em que se dá a sedução. O corpo do outro brilha por milésimos de segundo antes de desaparecer na massa amorfa. É preciso pois dotá-lo de signos lá onde a contemplação amorosa, demorada, lânguida, gozosa do corpo do outro não mais pode se fazer. Então uma marca de roupa, ou um adereço, vem ocupar o lugar vazio do olhar demorado e do discurso de sedução.

Outro grande inimigo do amor, hoje, é a pornografia, realização alucinatória do desejo masculino. De fato, o que para a mulher é uma gradação de aberturas, um suceder-se de portas cada vez mais próximas da intimidade do coração, na pornografia torna-se ato descontínuo. Ou sim, ou não, ou ato sexual imediato, ou nada. A pornografia é uma sucessão continuada de atos sexuais sem nenhuma necessidade de uma história de sedução e amor: é a projeção dessa fantasia. A mulher toma emprestada a máscara do desejo do homem e se reveste inteiramente com ela, em uma cumplicidade absoluta e mentirosa, realizando assim, de forma delirante, o desejo — inconsciente ou não — que se supõe ser o de todos os homens. Se "não há mulher que não dá", como afirma a nem sempre sábia cultura popular, ou seja, que não queira, na verdade, ceder ao desejo que no fundo possui, suas recusas nada mais serão do que falsas aparências socialmente impostas a contrariar a verdadeira "natureza feminina". Desse ponto de vista a violência aparece até como um favor prestado à mulher pelo homem. É a continuação da cantada por outros meios, assim como a guerra continua a diplomacia por outras vias. Por isso, na pornografia não há história, nem mesmo diálogos. As mulheres são imaginadas como ansiosas por serem imediatamente possuídas, fascinadas pelo pênis a cuja posse reduzem os homens, tal como o projeta o próprio desejo masculino. Na pornografia não há mesmo nenhuma mulher, nenhuma especificidade do desejo feminino, nenhuma diferença entre os projetos de gozo. Há apenas o fantasma do desejo viril que, como todo fantasma, não possui subjetividade, nem mesmo um nome.

Eliminando a realidade sempre embaraçosa do desejo no momento em que ele desponta, e a necessidade de percorrer todo o caminho de sedução, que busca motivar o outro a dizer sim ao meu próprio desejo, desfazendo-se da exigência de amor e galanteios, a pornografia me projeta no terreno infantil da satisfação imediata, sem demanda, sem recusa, sem delongas. Mas, de outro lado, a literatura cor-de-rosa, mais dedicada às mulheres, trilha o mesmo caminho. As heroínas não encontram obstáculos à realização do verdadeiro amor e jamais vivem dilemas, sentimentos ambíguos, ou maus. Não se admitem imperativos hipotéticos do tipo *se, mas somente se, isto, então aquilo.* Ou é tudo sim ou tudo não.

O erotismo era o discurso dos corpos assombrados, maravilhados, extasiados pelo sexo e seus mistérios de fusão e gozo, de incerteza e arrebatamento, pelo seu nunca de todo eliminável elemento mágico e demoníaco. "Sobrevém um novo frenesi, o mesmo furor torna a se apossar deles [...] pois ignoram a chaga secreta que os consome" (Lucrécio, *De rerum natura*, IV, 1115, citado por Comte-Sponville), escreve o poeta Lucrécio sobre o encontro erótico dos amantes. Porque o erotismo vem do choque dos corpos a partir da ânsia de uma impossível fusão absoluta.

Nada no amor é puro sexo, ou puramente paixão espiritual. O erotismo é essencialmente impuro. Sua obscuridade advém do caráter híbrido: busca de fusão espiritual através dos prazeres da carne, dos corpos reunidos pelo sexo. Assim o erotismo sobrecarrega o sexo de uma tarefa que excede todas as satisfações que ele possa dar e, ao fazê-lo, explora e esgota todas as suas dimensões e possibilidades. O erotismo não está na impossível comunhão dos corpos, nem nas imensas satisfações do sexo. Ele consiste em se lançar inteiramente na experiência da inultrapassável alteridade do outro, experiência sem cessar suscitada e renovada pelo ritual amoroso, de ser dois; experiência, ainda uma vez, da separação dos seres no encontro dos corpos.

CONCLUSÃO

O amor é portador de um mistério abissal. E precisa ser assim para existir. Transcende toda capacidade de explicação racional, seja reduzindo-o a um fenômeno do ciclo da vida instintiva, a um comportamento naturalmente programado, seja fazendo-o repousar sobre a capacidade e liberdade de escolha. Podemos perfeitamente explicar o sexo e o prazer sexual ou a simpatia que nutrimos por esta ou aquela pessoa por causa de suas qualidades morais, pela beleza, pela determinação em perseguir a realização dos sonhos, pela competência profissional. Nada disso ocorre com o amor. Nada explica por que entre todos os homens e mulheres um eleja o outro como parceiro insubstituível da sua vida, do seu desejo, dos seus projetos, dos seus prazeres eróticos. *Não podemos imaginar nenhuma razão que justifique amar*, se entendemos por razão uma causa determinante. Ele é escolha. Mas, paradoxalmente, quando ocorre, a eleição do amado destrói a própria liberdade que a engendrou. "Liberto-me tornando-me seu escravo", escreveu o poeta acerca da mulher amada.

Assim, este livro, como já dissemos no início, não pretendeu ensinar ninguém a amar. Mas, se filosofia significa "reaprender a ver", esperamos ter apenas guiado o olhar do leitor para o caráter verdadeiramente sublime da paixão, para o esplendor mitológico da idéia ocidental, tradicional de amor, resgatando-a da banalização a que foi reduzida pela idéia de sexo eficaz ou por sua normalização no casamento bem-sucedido. Porque a nossa sociedade transformou o amor, tradicionalmente pensado preponderantemente através do sentimento da dor de desejar o outro como um absoluto, e da consciência mais ou menos clara da impossibilidade da fusão a dois, mesmo no mais fascinante orgasmo sexual, em uma categoria patológica. O erotismo assume, na sociedade atual, a função de oferecer ao sonho de uma fusão impossível, à miragem de uma felicidade que só se reconhece na mais extremada consonância das almas, um campo visível de práticas e receitas calculáveis através das quais os amantes podem reconhecer o seu próprio amor. O gozo erótico permite converter em quantidades memoráveis, e mensuráveis, as emoções jamais de todo capturáveis, os sentimentos paradoxais, os gestos infinitamente demandados de que são tecidos os amores. Porque a felicidade não é, no amor, e não pode ser, definida como ausência de adversidades. No amor estamos diante da maior de todas as adversidades: o outro é meu adversário (do latim, *ad-verso*). Contra ele me debato em minha solidão absoluta e, ao mesmo tempo, relativa. Não sofreria se nenhuma comunicação fosse possível, a partir do meu desejo e do meu corpo, com o outro. Mas o amor não teria sua inegável carga de tristeza se a fusão dos corações fosse realizável. Ele é desejo de comunhão e, simultaneamente, de afirmação de si perante o outro; produz a dependência, mas conclama a liberdade; traz os maiores prazeres, abre-nos para as maiores dores.

Hoje, não temos mais razão para sermos infelizes no amor, e a felicidade, que todas as outras sociedades anteriores consideraram uma raríssima exceção entre os homens, quase um privilégio dos deuses, transmutou-se em técnicas, sabedorias e receitas, consumidas a varejo e com avidez. "Somos as primeiras sociedades na história a considerar infeliz todo aquele que não é feliz" (Bruckner, *L'Euphorie perpétuelle*), como se não houvesse, entre a infelicidade e a felicidade, uma infinidade de nuances e caminhos existenciais. Como se não houvesse, por exemplo, uma atitude simplesmente neutra, ou de espera, como se o caminho da felicidade não comportasse, como as páginas de um livro, margens. Como se, afinal, o amor pudesse ser reduzido ao modelo da satisfação. Mesmo nos mais estreitos abraços e enleios, mesmo objeto da mais extremada paixão, o outro é sempre isto que me falta através da sua proximidade, o que se aprofunda nos mistérios da carne, que me escapa. O desejo não é falta suscetível de ser preenchida. O lugar vazio que projeta o espaço possível para que o outro possa manter-se próximo a mim *em sua alteridade*.

Mas se esta polarização ocorre é porque dispomos de uma imagem pré-fabricada de felicidade na qual se inclui o amor reduzido a um conjunto de técnicas estético-eróticas-comportamentais. Mas o amor não elide, jamais, a dor. Não se pode elidir o sofrimento da paixão sem nos tornarmos desarmados em frente a ela. A tentativa de eliminar a dor nos conduz à dependência dos especialistas de toda sorte, aos quais recorremos menos pela evidência do seu saber do que pela culpa de sofrer, de não saber como aproveitar a vida da melhor maneira possível: imperativo categórico da sociedade hedonista de consumo. Mas o amor escapa a todos aqueles que teimam em saber o que é o amor antes de amar. Nisto consiste seu mistério próprio. Um valioso grau de arbitrariedade é inerente ao amor autêntico. É mesmo essa arbitrariedade que explica a suposição de um destino inevitável a conduzir os amantes um de encontro ao outro, sem que o saibam, como forma de justificativa imaginária.

Sim, todo amor é imperfeito; seus ideais excedendo seus atos, e no entanto ele só existe em cada ato que o sustenta no ser. Isso explica por que os amantes mais apaixonados são capazes de brigar por coisas insignificantes, aos olhos de outrem. Ele, como ânsia de infinito, é o sentimento mais avesso ao cotidiano e sua palidez existencial. Como sentimento de eternidade, é intermitência: "Te amo, mas não em todos os minutos da minha vida". Querer que o amor viva em toda a sua intensidade a todo momento da vida é tomar perante ele uma atitude simplesmente nazista. Porque não há propriamente felicidade exclusivamente no amor. Ele é a fonte das maiores alegrias, mas inclui, ou arregimenta, diversos sentimentos participantes de um só projeto existencial de comunhão a dois. Esses sentimentos vão desde a dependência pura e simples à escravidão e ao sacrifício, passando pelos êxtases mais alucinantes. Desse modo, no amor não somos felizes senão apesar de... Apesar da rotina do casamento, de uma sempre incompleta satisfação sexual, do ciúme, das incompreensões mútuas, dos afastamentos, da sempre presente antecipação da possibilidade de perder o outro...

Em sua eterna inquietude o amor é essa singular forma de comunhão com o outro jamais redutível aos modelos da guerra — da conquista e da submissão — ou da desesperadora fusão. Como em tudo na existência humana, de seres intermédios entre a bestialidade e o divino, nunca estamos completamente salvos, jamais totalmente perdidos.

Ensaiando leituras

1. O mito de Tristão e Isolda

A personagem principal da mais famosa lenda de amor ocidental, Tristão, é filho de Rivalen, rei de Loonois, e Blanchefleur, irmã de Marc, rei das Cornualhas. Acreditava que Rohalt, por quem havia sido educado, era seu pai. Aprendeu com Gorvenal as artes da cavalaria. Raptado ainda jovem por navegadores irlandeses, foi abandonado no reino das Cornualhas, onde conheceu o rei Marc, sem saber que era seu tio. Rohalt, que havia perdido Tristão de vista, encontra-o finalmente e conta-lhe que seu pai verdadeiro era Rivalen e sua mãe, Blanchefleur. Ciente da sua origem, retorna então a Loonois, reconquistando-a e deixando Rohalt no trono. Em seguida volta, acompanhado do seu amigo Gorvenal, para junto do seu tio, o rei Marc.

Luta então com um gigante chamado Morholt para salvar o rei Marc de uma dívida. Gravemente ferido, pede ao tio que o deixe em um barco com sua harpa para morrer no meio do mar. Mas seu barco encalha no porto de Weisefort. Sem saber da sua história, Isolda, denominada "Loura", trata dos seus ferimentos. Ninguém reconhece nele o cavaleiro que havia enfrentado Morholt pois as feridas deformaram seu rosto. Porém, antes que fosse reconhecido, volta para junto do rei Marc.

Marc havia planejado fazer de Tristão o herdeiro do seu reino e, por isso, decidira não se casar. Mas quatro barões, rivais de Tristão, convenceram o rei a encontrar uma esposa. Em seguida Marc acha por acaso um fio de cabelo louro que o encanta. Pede então a Tristão que encontre a mulher a quem pertencia o fio para com ela casar-se. Reconhecendo nele o cabelo da sua salvadora Isolda, a Loura, Tristão parte para buscá-la.

Vai a Weisefort, acompanhado por cem soldados. Lá chegando é informado da existência de um dragão e de uma recompensa para quem o matasse: a mão de Isolda, filha do rei. Tristão mata o dragão mas é contaminado por seu veneno. Isolda o cura mais uma vez, agora ciente de quem se tratava. Mesmo assim, o rei da Irlanda cumpre a promessa feita e entrega sua filha a Tristão para que ele a conduzisse até Marc, seu futuro esposo. Isolda fica perturbada e surpresa ao saber que seu futuro marido seria o rei Marc, e não Tristão.

No caminho de volta para as Cornualhas, Tristão e Isolda ingerem sem saber uma poção mágica que a mãe de Isolda dera a Brangien para ser tomada por Marc e Isolda, pois os que dela tomassem amar-se-iam eternamente, na vida e na morte. Sob os efeitos da poção, Isolda e Tristão apaixonam-se perdidamente. Mas, mesmo assim, Isolda casa-se com Marc. Porém, na noite de núpcias, sua criada Briolanja toma o seu lugar no leito, evitando que ela perdesse a virgindade. Os mesmos quatro barões rivais de Tristão, contudo, desconfiam do estratagema, e revelam o amor dos dois ao rei, que expulsa Tristão do reino. Sem poder se separar da sua amada, Tristão hospeda-se perto do castelo, encontrando-se às escondidas com a agora rainha. Mas esses furtivos encontros são denunciados ao rei pelos mesmos rivais. Com a intenção de surpreender os amantes, Marc vai até o lugar dos encontros secretos, mas Tristão e Isolda, percebendo a presença do rei, convencem-no da sua inocência. O rei reconcilia-se com Tristão, que retorna ao castelo. Os barões rivais de Tristão recorrem à ajuda de Frocin – um anão vidente – e flagram Tristão e a rainha abraçados no leito dela. Tristão jura nunca ter amado a rainha com "amor culpável", mas mesmo assim o rei decreta-lhe a morte. Entretanto, Tristão consegue fugir dos algozes enquanto Isolda é entregue aos leprosos. Mas o herói consegue salvá-la e a leva para morar na floresta, tornando-se, ambos, fugitivos do rei.

Moram na floresta por muito tempo, até que o rei os encontra dormindo juntos, ao relento, com a espada desembainhada de Tristão cravada no chão, separando seus corpos, e indicando a interdição que lhes impedia consumar carnalmente seu amor. Compadecido pela cena, o rei decide poupá-los. Mas para que saibam da sua presença ali, troca a espada de Tristão pela sua. Ao acordarem, os amantes, percebendo que o rei esteve ali e não os matara, pensam que foram perdoados e decidem voltar ao castelo. Tristão devolve Isolda ao rei, e este a aceita de volta, ordenando que Tristão parta. Antes da partida de Tristão, Isolda pede-lhe como recordação o cão Husdent, oferecendo-lhe em troca um anel de jaspe verde, presente de Marc. O anel deveria ser mostrado a ela pelo mensageiro porventura enviado por Tristão para lhe dar notícias.

Tristão segue então para Gales com Gorvenal, seu antigo tutor, chegando às terras do rei Gilain. Compadecendo-se com a profunda tristeza de Tristão, Gilain deu-lhe um cão, chamado Petit-Crû, que trazia no pescoço dependurado um guizo com o poder mágico de espantar qualquer tristeza. Pensando em amenizar o sofrimento de Isolda, Tristão quis presenteá-la com o cão. Conseguiu enviar Petit-Crû para a rainha, que o recebe como se fosse presente de sua mãe. A presença do cão a fez reencontrar a alegria, mas achando injusto somente Tristão sofrer, joga o guizo no mar.

Tristão, sem paradeiro, erra de aventura em aventura, de reino em reino, tentando aplacar a dor da paixão impossível. Sem notícias de Isolda, conclui que ela o esquecera. Em suas andanças, viaja para a Bretanha e recupera as terras do duque Höel – que o recompensa com sua filha, também chamada Isolda, dita "Mãos Brancas", em casamento. Tristão aceita. Mas, na noite de núpcias, ao ver o anel de jaspe verde, recorda-se da sua verdadeira amada e não consuma o casamento. Kaherdin, irmão de Isolda, ciente do ocorrido, interroga Tristão – que lhe narra toda a atribulada história do seu amor por Isolda, a Loura. Esta, recebendo a notícia do casamento do amado, chora.

O irmão de Isolda Mãos Brancas perdoa Tristão, seguindo-o de volta às Cornualhas, a fim de buscar notícias de Isolda, a Loira. Uma vez lá, Tristão envia mensagem à rainha. O mensageiro secreto revela a Isolda que Tristão, mesmo tendo se casado, não a traíra. Secretamente, Tristão e Isolda combinam encontro numa estrada perto do castelo real. Vendo aproximar-se sua amada, Tristão imita o assovio de um pássaro. A rainha reconhece o canto e marca com Tristão um encontro no castelo de Saint-Lubin. Mas um escudeiro da rainha vê Kaherdin e Gorvenal e, confundindo o primeiro com Tristão, chama Kaherdin, que foge assustado. O escudeiro narra o ocorrido à rainha que, irritada e ofendida, pensando que Tristão tinha fugido dela, manda desmarcar o encontro. Sabendo do fato, Tristão procura Isolda disfarçado de mendigo e pede-lhe perdão. Mas Isolda, reconhecendo-o, ordena que os criados o expulsem. Desolado, Tristão retorna para a Bretanha, enquanto a rainha se arrepende do que fizera.

Após certo tempo, não resistindo à sua paixão, Tristão parte em segredo de volta para as Cornualhas, novamente como mendigo. Para disfarçar-se raspa todo o seu cabelo, desenha na cabeça nua uma cruz e, por fim, passa no rosto uma erva mágica que transforma sua fisionomia. Uma vez no castelo de Marc, ninguém o reconhece – nem mesmo Isolda. Tristão afirma ser ele mesmo, mas a rainha só acredita quando o cão Husdent o reconhece como sendo o antigo dono. Disfarçado como louco, Tristão via a rainha diariamente, acessando inclusive seu quarto. Mas desconfia da armação, e Tristão foge outra vez. Voltando para a Bretanha, envolve-se em nova aventura guerreira, sofre emboscada e é ferido por uma lança envenenada. Sentindo a proximidade da morte, deseja reencontrar Isolda uma última vez. Pede ao seu amigo Kaherdin que a busque, mas Isolda, a das Mãos Brancas, tendo ouvido a conversa entre o irmão e o marido, pensa em vingança.

Kaherdin parte em busca de Isolda, levando o anel de jade. Moribundo, Tristão pede a Kaherdin que, na sua volta, hasteasse uma bandeira branca indicando que Isolda se encontrava no barco. Caso contrário, deveria hastear uma bandeira negra. Reconhecendo nas mãos de Kaherdin o anel que dera a Tristão, Isolda, a Loura, foge ao encontro do amado. No percurso, o barco de Isolda enfrenta várias tempestades que atrasam a viagem, prolongando a agonia de Tristão. Quando finalmente o barco aporta no horizonte com a bandeira branca hasteada, Isolda, a das Brancas Mãos, diz a Tristão que o barco de Kaherdin retornava com uma bandeira negra, indicando que Isolda, a Loira, não viera. Ouvindo a notícia, Tristão morre.

Aportando em terra, Isolda recebe a notícia da morte do amado, vai ao encontro de seu cadáver, deita-se junto a ele, abraçando-o e morre de tristeza. Informado da tragédia, o rei Marc vai até a Bretanha e traz os dois corpos para as Cornualhas, sepultando-os lado a lado numa capela. No entanto, à noite, nasce da tumba de Tristão uma trepadeira verde que cresce até o túmulo de Isolda, enlaçando na morte os amantes que jamais tiveram paz na vida.

A lenda de Tristão e Isolda é uma das mais famosas narrativas de amor da nossa história. Denis de Rougemont, em um livro clássico dedicado à história do amor no Ocidente, atribui a ela o estatuto de lenda fundadora da idéia ocidental de amor como paixão do sofrimento ou, nas palavras dele, "amor recíproco infeliz". Lendária, ela também seria capaz de esclarecer o caráter paradoxal, as frustrações e as dificuldades da instituição do amor como casamento.

Esta narrativa de um amor intenso, trágico, recíproco e nunca consumado caracteriza-se, acima de tudo, pelo fato de os amantes sobreporem aos obstáculos exteriores, opostos ao seu amor, uma interdição própria, livremente assumida. Assim, quando os dois fogem para a floresta, onde nada nem ninguém impede que eles tenham uma relação sexual, Tristão finca sua espada desembainhada entre eles, simbolizando a barreira que os impede de se unirem carnalmente. Ao substituir a espada de Tristão pela sua, o rei Marc ao mesmo tempo faz saber que ali esteve e marca a diferença entre a interdição da lei (Isolda pertence ao rei) e a interdição que os próprios amantes se impõem, por desejo de castidade. É como se ele dissesse: "Não é porque vocês não querem, e sim porque vocês não podem, que sua paixão não deve se consumar". É como se a infelicidade do amor viesse da própria escolha apaixonada, impertinente, feita à margem de uma escolha deliberada. O rei Marc, lembremos, desejava Isolda como esposa sem sequer tê-la conhecido.

O sociólogo francês Robert Castel propôs uma interpretação desse mito do amor infeliz como uma espécie de exílio em sentido amplo, abrangendo não só a ausência de lugar no mundo (as andanças incessantes a que sua paixão condena Tristão), mas também a ausência de lugar familiar (Tristão não conhece seus verdadeiros pais, é rival do tio etc.) e social (toma a mulher do rei, traindo a lei). Castel considera que, não estando filiados a um lugar, uma família, ou mesmo classe social, como Romeu e Julieta, Tristão e Isolda buscam um "lugar", para além das diferenças sexuais, para além do masculino e do feminino, onde possa haver a fusão e a completa reciprocidade entre os dois, porque no mundo em que vivem como amantes apaixonados já não existem naturezas contraditórias e excludentes. Como todos os grandes amantes, Tristão e Isolda se sentem arrebatados para além do bem e do mal, em uma espécie de transcendência das nossas condições comuns [...] incompatível com as leis que governam o mundo, mas que para eles mais real do que este mundo. A fatalidade que os persegue e à qual se abandonam, gemendo, elimina a oposição entre o bem e o mal, conduzindo-os para além da origem dos valores morais, para além do prazer e da dor, para além do domínio onde as coisas se distinguem e os contrários se excluem. (Rougemont, *História do amor no Ocidente*)

E encontram esse lugar na morte. A tragédia de Tristão e Isolda reafirma assim o triunfo da paixão sobre a felicidade, as regras sociais e morais, revelando esse subterrâneo gozo irracional de que a idéia de amor é feita, muitas vezes inconfessadamente, no Ocidente.

2. Trecho de *O ser e o nada*, de Jean-Paul Sartre

Sabemos quanto parece decepcionante a famosa definição da carícia enquanto "contato de duas epidermes". De fato, a carícia não pretende ser um simples contato. Só podemos reduzi-la a simples contato quando não compreendemos seu sentido próprio. Porque a carícia não é um simples toque sutil, ela é um jeito de moldar a pele do outro. Acariciando o outro eu faço nascer a sua carne sob meus dedos. A carícia é um conjunto de cerimônias que encarnam o outro. Mas, dir-se-ia, ele já não estava justamente encarnado? Não. A carne do outro não existia ainda, explicitamente, para mim antes que, através da minha mão, eu me apossasse do seu corpo, e não existia também para ele porque sua atenção estava voltada para as coisas em redor e para as possibilidades do corpo. Assim, a carícia faz nascer o outro como carne para mim e para ele próprio. E por carne não entendemos uma parte do corpo denominada pele, nem o corpo em repouso. [...] A carícia revela a carne desabilitando o corpo de sua ação, ela o separa das possibilidades que o entornam: ela é feita para descobrir, sob o ato a trama da inércia — isto é o ser-lá — que lhe sustenta. Por exemplo, acariciando a mão do outro descubro, sob a preensão, que esta mão é primeiramente uma extensão de carne e de ossos que pode ser tomada [...] A carícia é feita para fazer nascer, através do prazer, o corpo do outro ao outro e a mim próprio como passividade tocada. (Sartre, *L'être et le néant*, p. 440)

Neste texto, filosoficamente denso, Sartre começa por relacionar a carícia ao desejo. Ao contrário de simples contato físico de dois corpos, a carícia é a expressão do desejo enquanto desejo de tomar posse do outro através do seu corpo. Afirmando que a carícia está para o desejo assim como a linguagem para o pensamento, Sartre aponta para a indissolúvel relação que os une. De fato, a linguagem não existe sem o pensamento, nem o pensamento sem a linguagem. Do mesmo modo, todo desejo é acompanhado da vontade de acariciar, isto é, de suscitar no corpo do outro o prazer de ser tocado. Mas assim procedendo opero uma transformação na experiência do corpo do outro e do meu próprio. O corpo é primeiramente um feixe de relações ao mundo, um centro de desatenção e abertura para as preocupações e tarefas que se apresentam a mim no cotidiano. Nesta condição o corpo não é, normalmente, consciência de si. O que Sartre denomina "carne" é justamente a transformação do corpo do outro em sede passiva de prazer. O carinho representa a entrega do outro a mim através da passividade com que empresta seu corpo ao toque da minha mão. Seu corpo é uma carne que me apresenta no mundo uma subjetividade nela de alguma forma encerrada, ou melhor, incorporada.

Mas o que desejamos possuir no outro, através do carinho e do amor? Trata-se de possuir o outro no que ele tem de mais próprio. O amor, afirma Sartre, é desejo de possuir a liberdade do outro, mas não de escravizá-lo, é invasão de si pelo outro sem se tratar de uma opressão. Trata-se de possuir sua liberdade como liberdade e a única forma disso suceder será se esta liberdade for cativada por si mesma. É preciso que o amor seja experimentado como uma paixão inevitável, pelo coração, e como livremente consentida. Nada mais exacerba o ânimo dos amantes do que a idéia de ter sido escolhido como um entre outros amores possíveis. O outro é livre e preciso que me ame a partir da sua liberdade, pois é ela que desejo possuir, mas a escolha tem de ser constrangida quase que por uma lei universal do ser.

Este paradoxo, e esta evocação de uma liberdade cativada, é particularmente visível no ciúme. O ciumento deseja aniquilar, paradoxalmente, a liberdade de desejar do outro. Quer ter a certeza impossível de que o outro não pode mais desejar qualquer outra pessoa, que cativou definitivamente o desejo do outro, que o escravizou. A certeza buscada pelo ciumento é impossível porque ninguém tem acesso à subjetividade do outro. O outro me é dado, a partir do horizonte do mundo, como um objeto. Meu olhar pousa sobre ele inicialmente como olha para as coisas. Assim, o carinho e todas as formas eróticas de contato corporal representam as diversas tentativas do desejo de penetrar na intimidade da vida do outro e de, em uma palavra, sentir como ele sente. Na verdade, toda relação sexual implica, mesmo veladamente, essa vontade de se transportar para a fonte invisível do ser amado lá onde reside, fora do mundo, a sua liberdade.

A idéia de que o amor nos remete ao desejo de fusão com o outro encontra aí seu sentido propriamente metafísico. Antes de ser a nostalgia de um retorno a um estado primitivo de unidade perdida, seja mitologicamente, como os andróginos de Platão, seja através do retorno à condição intra-uterina do feto, o desejo de fusão nasce dessa interdição ontológica inscrita no cerne da individualidade da vida. É esta absoluta singularidade, a singularidade que se expressa através do "eu sou", que o amor visa romper por meio de todos os rituais eróticos que o cercam, quando os corpos se enlaçam.

3. Trecho de *A sabedoria do amor*, de Alain Finkielkraut

> O sofrimento de amor não é uma forma soturna de ser feliz. E aquiescer ao sofrimento não quer dizer ser-lhe complacente, e sim subtrair a vida amorosa do modelo da satisfação. Se, mesmo aspirando à tranqüilidade, o amante valoriza seu sofrimento, não o faz em razão dos gozos sub-reptícios que ele obtém, e sim porque seu desejo não é como uma fome que pudesse ser saciada. Ele é um movimento de aproximação cujo objeto se furta sempre. Ele sabe, malgrado suas lamúrias, que a proximidade do outro é melhor do que a união plena e total. Que a proximidade do outro seja melhor não significa aqui, no entanto, que seja mais agradável. Os amantes não são nem transbordantes nem insatisfeitos: a paixão lança seu desejo sem destino fora da esfera da necessidade, isto é, da alternância entre frustração e contentamento que a define. Mesmo disponível, mesmo ao alcance de ser acariciando, o semblante do amado falta, e esta falta é a maravilha da alteridade.

> Presente, o outro permanece sempre próximo (sempre por ainda vir, como um encontro remarcado sem cessar): e é isto que mergulha o amante na inquietude. Acolhendo os sofrimentos "que entram em sua alma como hordas de invasores" (Proust, *No caminho de Swann*), o amante reconhece simplesmente que "a falta de repouso é a verdade da relação sentimental". (Finkielkraut, *La sagesse de l'amour*, p. 72)

Ao longo deste livro aludimos variadas vezes ao sofrimento do amor, à consciência triste de não poder realizar seu desejo mais profundo de comunhão ou de fusão, ao estado de fragilidade em que o amor nos lança situando-nos na dependência do outro e seus caprichos. A obra de Freud acrescentou a estas constatações tradicionais na literatura a de que o desejo deve ser necessariamente reprimido pela sociedade a fim de enquadrar cada indivíduo no esquema de comportamento requerido por ela. O preço a pagar pela existência civilizada seria assim a mutilação da energia e do desejo sexuais originários contra o que se insurgiria a força subversiva do amor. O amor seria, enquanto potência de subversão, fundamentado sobre a afirmação da liberdade do desejo individual de se afirmar contra as leis de uma civilização repressiva, e todo sofrimento de amar adviria daí. A volúpia de amar viria do sofrimento da impossibilidade de amar transformada em gozo subterrâneo, em gozo da impotência.

Ao contrário, o texto demonstra esta afirmação opondo o contentamento da satisfação sexual ao da proximidade do outro. Enquanto o primeiro remete, de algum modo, à idéia de fusão com o outro, o segundo apela para o caráter misterioso da presença do outro, que mesmo a proximidade da relação erótica não pode afastar. O desejo não é desejo de obter satisfação, mesmo sexual, para a qual o outro seria um meio e, portanto, uma coisa e não verdadeiramente um outro eu. O amor é desejo do outro. De possuir o outro abandonando-se a si mesmo a ele, em uma entrega voluptuosa, da mesma liberdade que defendemos contra os poderes repressivos. Como já vimos, citando inclusive Camões, o amor é escravidão consentida.

Assim, o amor consiste em viver a presença do outro, sob as diferentes formas e rituais de fazê-lo, na convivência conjugal ou no enlace erótico, eliminando todos os modos de distanciamento artificiais, inclusive o distanciamento físico, a fim de realçar, através dessa proximidade projetada, a irredutível alteridade do outro, o fato de que sua presença consiste em se subtrair eternamente de toda forma de apresentação para mim. Longe de ser o resultado de uma repressão ou da consciência de impossibilidade da fusão com o outro, a dor do amor, se há uma, consiste nessa espécie de nostalgia de viver a proximidade do que é para mim o mais longínquo dos seres: o outro.

BIBLIOGRAFIA

ALBERONI, F. *O erotismo*. Rio de Janeiro: Rocco, 1988.

_____. *O enamoramento*. Rio de Janeiro: Rocco, 1991.

ANDRÉ, S. *O que quer uma mulher?* Rio de Janeiro: Zahar, 1987.

ARIÈS, F. & BÉJIN, A. *Sexualidades ocidentais*. Trad. Lygia A. Watanabe e Thereza C. E. Stummer. São Paulo: Brasiliense, 1989.

BARTHES, R. *Fragmentos de um discurso amoroso*. Trad. Márcia V. M. de Aguiar. Rio de Janeiro: José Olympio, 1981.

BATAILLE, G. *Breve historia del erotismo*. Montevidéu: Calden, 1970.

BAUMAN, Z. *Amor líquido: sobre a fragilidade dos laços humanos*. Trad. Carlos A. Medeiros. Rio de Janeiro: Zahar, 2004.

BLOCH, H. *Misoginia medieval*. Trad. Claudia Moraes. São Paulo: Editora 34, 1998.

BORGES, M. L. *Amor*. Rio de Janeiro: Zahar, 2004.

BOTTON, A. *Ensaios de amor*. Trad. Fábio Fernandes. Rio de Janeiro: Rocco, 1977.

BRANDES, G. *Main currents nineteenth century literature*. Oxford: Heinemann, 1966.

BRUCKNER, P. *L'Euphorie perpétuelle*. Paris: Grosset, 2007.

BRUN, J. *A mão e o espírito*. Porto: Rés, 1979.

BRUNO, P. *Satisfação e gozo*. Belo Horizonte: Tahal, s.d.

CAMÕES. *Lírica*. São Paulo: Publifolha, 1997.

CAMUS, A. *Le mythe de Sisyphe*. Paris: Gallimard, 1942.

CHAUI, M. *Repressão sexual: essa nossa (des)conhecida*. São Paulo: Brasiliense, 1984.

COMTE-SPONVILLE, A. *Pequeno tratado das grandes virtudes*. Trad. Eduardo Brandão. São Paulo: Martins Fontes, 2004.

DANTE. *Vida nova*. Lisboa: Guimarães, 1984.

EVOLA, J. *A metafísica do sexo*. Lisboa: Edições Afrodite, 1987.

FINKIELKRAUT, A. *La sagesse de l'amour*. Paris: Gallimard, 1984.

_____ & BRUCKNER, P. *A nova desordem amorosa*. Trad. D. J. de Seingalf. São Paulo: Brasiliense, 1981.

FOUCAULT, M. *História da sexualidade* II. *O uso dos prazeres*. Trad. Maria T. C. Albuquerque e José A. G. Albuquerque. Rio de Janeiro: Graal, 1984.

FREUD, S. *Obras psicológicas completas*. Trad. Jayme Salomão. Rio de Janeiro: Imago, 1969.

GAY, P. *A paixão terna*. Trad. Sérgio Flaksman. São Paulo: Companhia das Letras, 2005.

GIDDENS, A. *A transformação da intimidade: sexualidade, amor e erotismo nas sociedades modernas*. Trad. Magda Lopes. São Paulo: Unesp, 1993.

HENRY, M. *Phénoménologie matérielle*. Paris: PUF, 1992.

HIRSCHMANN, A. *De consumidor a cidadão*. Trad. Marcelo M. Levy. São Paulo: Brasiliense, 1984.

HITE, S. *O relatório Hite*. Trad. Ana C. César. São Paulo: Difel, 1979.

KANGUSSU, I. *Sobre Eros*. Belo Horizonte: Scriptum, 2007.

KINSEY, A. *Sexual behavior in the human male*. Filadélfia: W. B. Saunders, 1948.

LABÉ, L. *Disputa entre o amor e a loucura*. São Paulo: Siciliano, 1995.

LACAN, J. *O Seminário*. Trad. M. D. Magno. Rio de Janeiro: Zahar, 1985, XX vol.

LÉVY-STRAUSS, C. *Antropologia estrutural*. Trad. Chaim M. Katz e Eginaldo Pires. Rio de Janeiro: Tempo Brasileiro, 1975.

LIPOVESTSKY, G. *A era do vazio*. Lisboa: Relógio d'Água, s.d.

MILAN, B. *E o que é o amor?* Rio de Janeiro: Record, 1999.

MORIN, E. *Amour, poésie, sagesse*. Paris: Seuil, 1997.

NASIO, J. D. *A dor de amar*. Trad. André Telles e Lucy Magalhães. Rio de Janeiro: Zahar, 2007.

NELLI, R. *L'Amour et les mythes du coeur*. Paris: Hachette, 1952.

PLANHOL, R. *Les utopistes de l'amour*. Paris: Garnier, 1921.

PLATÃO. *O banquete*. Trad. José C. de Souza. São Paulo: Abril Cultural, 1988. Coleção Os Pensadores.

REICHE, R. *La sexualidad y la lucha de clases*. Barcelona: Seix Barral, 1969.

ROBINSON, P. *A modernização do sexo*. Rio de Janeiro: Civilização Brasileira, 1977.

ROGERS, C. *Novas formas do amor*. Trad. Octavio M. Cajado. Rio de Janeiro: José Olympio, 1977.

ROSTAN, E. *Cyrano de Bergerac*. Rio de Janeiro: Pongetti, 1944.

ROUGEMONT, D. de. *História do amor no Ocidente*. Trad. Paulo e Ethel Brandi. Rio de Janeiro: Guanabara, 1988.

SARTRE, J.-P. *L'être et le néant*. Paris: Gallimard, 1976.

SIMMEL, G. *Filosofia do amor*. Trad. Luis E. L. Brandão. São Paulo: Martins Fontes, 1987.

SOMBART, W. *El burgués*. Madri: Alianza, 1977.

USSEL, J. V. *Histoire de la répression sexuelle*. Paris: Robert Laffont, 1972.

Este livro, composto na fonte Fairfield
e paginado por Monika Bruttel,
foi impresso em pólen bold 90g
na Prol Editora Gráfica.
São Paulo, Brasil, no outono de 2008.